U0668228

是之新説

——李继凯『新国学』思想解析

李继凯◎著

吉林文史出版社

图书在版编目（CIP）数据

是之新说：李继凯“新国学”思想解析 / 李继凯著 . —
长春：吉林文史出版社，2017.12
ISBN 978-7-5472-4676-4

Ⅰ . ①是… Ⅱ . ①李… Ⅲ . ①国学 – 研究 Ⅳ .
① Z126.27

中国版本图书馆 CIP 数据核字（2017）第 302104 号

是之新说：李继凯“新国学”思想解析

SHIZHIXINSHUO：LIJIKAI “XINGUOXUE” SIXIANGJIEXI

出 版 人 / 孙建军
作　　者 / 李继凯
责任编辑 / 王明智
封面设计 / 人文在线
出版发行 / 吉林文史出版社
地　　址 / 长春市人民大街 4646 号　　邮　　编 / 130021
网　　址 / www.jlws.com.cn
电　　话 / 0431-86037501
印　　刷 / 廊坊市海涛印刷有限公司
开　　本 / 710mm × 1000mm　　16 开
字　　数 / 264 千字
印　　张 / 14.75
版　　次 / 2018 年 2 月第 1 版　　2018 年 2 月第 1 次印刷
书　　号 / ISBN 978-7-5472-4676-4
定　　价 / 52.00 元

代序

当代中国国学之批判

——兼论中国传统文化的传承、创新与发展

李继凯

何为国学？搜寻关键词得出的注解：国学，即中国传统思想文化学术。附解之：国学，是以先秦经典及诸子百家学说为根基，并涵盖各历史时期文化精髓的学术。从文化视角去分析，中国是一个有着五千年灿烂文化、历史悠久的国家。在长达五千年的历史长河中，中国创造了辉煌的历史，灿烂的文化，诞生过世界上第一个封建制度国家——秦，称霸欧亚大陆的强大帝国——元，经济总量占全球 30% 的经济超级大国——清。然而，也正是从被称为“康乾盛世”的大清帝国的鼎盛时期开始，世界的西方正萌动着一场生产力的革命——工业革命，揭开了人类从手工生产时代（农业经济时代）到实现机器生产时代（工业经济时代）转换的序幕。而面临来势凶猛的工业经济大潮，习惯于站在人类文明制高点的中国封建统治者们还在做着“世界中心”“天朝上国”“蛮夷何惧”的大梦。

西方列强用洋枪洋炮攻开大清帝国的国门之时，强逼着中国人明白了一个道理：历史的辉煌挽救不了今天的落后。落后就要挨打，今天我们在自豪于悠久的历史、灿烂的文化、深厚的国学经典之时，不能忘记曾经因落后而遭受的欺凌与耻辱。曾经的天朝上邦，因何沦落到饱受欺凌的境地？这是我们要反思的一个重要问题。其实，此问并不难解，众所周知，改革开放近 40 年，中国取得了让世界为之瞩目的成就，经济发展速度和国家地位快速提升。可是，从文化方面衡量，我们似乎并不能找到如经济建设一样的成就

感。那么在我们取得足以让世界为之称叹、赞奇的“物质财富”的同时，为什么精神财富变得如此“贫穷”呢？长期以来我们偏重于物质文明的发展而忽视了文化创新……可喜的是，近年来社会各界都在呼吁对中国传统文化的“认祖归宗”“寻根求源”，社会上出现了“国学热”，如主流媒体开办国学讲座、诸多学者注解传统经典、学校开设国学等。然而，透过热闹看实质，便可发现当前的国学热背后存在着众多的问题。

一、深刻理解国学对中国社会发展的重要作用，创新理解中国国学思想的内涵

何谓国学？目前社会上尚未有统一认识。有一种观点认为：国学，即国家之学，也是国人之学，也就是说，国学应当是中国或华夏历朝历代学术文化之总称。国学无论是古代的还是现代的，凡是中国的文化学术都属于国学。而另一种观点认为，国学是专对治国理政而言的，国学特指“治国理政”之学。尤其是近年来出现的所谓“新国学”思想，建立在以儒学为主体的传统文化的基础上，认为国学要以传统儒学思想为内涵主体，实质上是强调了被中国历代封建统治者奉为“统治主流思想文化”的儒家，才是中国国学思想的精髓。很显然，这种思想带有极大的偏颇性。

对于国学，不管做怎样的争论，有一点是没有分歧的，那就是国学是中国数千年社会发展形成的文化精髓。而从文化概念及对社会发展的作用上来说，文化创造者为人，因此文化亦称“人化”，文化作为一个社会政治和经济的反映，又将影响和作用于一定社会阶段人之思想和行为，所以文化之作用为“化人”，通俗解释就是，人在某一特定社会环境之下，思想和行为必会发生变化，而创造出具有这一社会阶段特征的物质和精神。在中国悠久的历史长河中，文化的繁荣之当首举春秋战国时期（前770—前221年）的“百家争鸣”。据《汉书·文艺志》的记载，“思想百家”数得上名字的就达189家，有4324篇著作。其后的《隋书·经籍志》《四库全书总目》等书则记载“诸子百家”实有上千家。发展为学派的就有十家，更是诞生了孔子、墨子、老子、韩非子、管子等“诸子”。

文化在社会发展进程中发挥着重要作用。不论是中国历史，还是世界历

史，都可得出相同的结论，任何的一次社会进步都是要以文化革新为基础的，而每一次的文化革新都需要多种思想、学说争论、碰撞、融合而完成，而不能仅仅指望一种思想自身的创新。由此来看，国学应该是中国数千年历史积累形成的优秀文化思想的总和，决不仅指被封建统治者封为“正统统治文化”的儒学，更不可仅仅定义为“治国理政”的主体内涵。再从文化的功能上理解，诸多文化流派、学说、思想的碰撞与融合，促进了国家制度创新与社会生产力的发展，从而促进国家统一与繁荣。但国家一旦统一了强大了，就需要一种用于维护社会稳定的文化去统治，而不再需要多种文化思想的持续冲击，否则社会就会陷入持续的纷争，这就是封建统治者为什么“罢黜百家，独尊儒术”的原因。文化从激发社会生产力发展转为保持稳定、维护统治，发生了根本性转变。因此，当前我国探讨国学内涵的时候，必须从社会发展角度出发，充分认识国学对当前社会发展的驱动。

既然把国学定义为中国传统文化思想学术，首先应该从中国长达五千年的历史积淀中挖掘文化思想精髓，对多种传统文化经典思想要融合创新。儒学孔子的思想“仁、义、礼、智、信”，注重的是修德修品。而儒学另一代表人物孟子则认为“君属于强势，臣属于弱势，其关系由强势的君主导。君讲礼，臣讲忠，故君臣之道在于礼。君礼于臣，臣必忠；臣忠于君而君不礼，其忠必退”。倡导建立君王用礼、臣子须忠的君臣关系。道家代表人物老子思想核心“大其心，容天下之物；虚其心，受天下之善；平其心，论天下之事；潜其心，观天下之理”，注重的是谦退保身、安详处世、宽容处事、寡欲养心。而另一儒学代表人物荀子则提出“人性有恶”须以后天教育、教化，这就与孔孟的“人之初性本善”有着根本不同。荀子提出“蜕”：学习不能满足；“虚”：指的是学习态度；“一”：“学之道，贵以专”；“静”：心静摒弃一切杂念；“积”：“不积跬步，无以至千里；不积小流，无以成江海”；“师”：“得贤师而事之，则所闻者尧、舜、禹、汤之道也”；“友”：不断得到亲友批评。兵家代表人物孙子认为“韬略犹如双刃古剑，轻用其芒，动即有伤，是为凶器；深若藏拙，临机取决，是为利器”，兵家谋略思想不仅用于国家间战争，对当前商战亦有重要借鉴价值。法家代表人物韩非子的“精诚为道，运筹为术，组织为器，人才为本，制度为体，文化为魂”的统驭理论不仅可用于治国，也可以指导当代商业企业谋求快速发展。鬼谷子的“权谋”之术则与儒学的“孝悌忠信礼义廉耻”相左，鬼谷子强调权谋的合理性取决于权谋的结果，即所谓“胜者为王，败者为寇”是也”。鬼谷子的思想核心在于寻求结果而不在意过程，或者以结果去衡量过程，这与儒学所强调的“礼”相左，但这并不影响其在中国传统文化思想的地位，在一定历史发展时期或发展环境下，一味重礼而不懂谋则明显不合时宜。

综上可见，中国传统文化思想是一部综合的，又是相互冲突的“文化大百科”，国学自然应该具有包容、融合与相互补充与促进的特征。

二、清醒认识当前中国国学文化存在的问题

虽然不管按照世界社会发展规律分析，还是从中国历史发展实际去衡量，当前中国已具备文化复兴、经济繁荣、国家崛起的历史条件与基础，但开篇之时笔者就提到，当代之中国面临着“文化断层”的事实。究其原因，一是以儒家文化为“正统文化”，数千年来一直占据着中国传统文化思想的主流地位，具有极强的保守性，而以共产主义思想理论本土化的改造并不能短期内对其起到改良和改造的作用，加之建国时间较短，并没有真正形成具有中国特征的社会文化，尤其是没有形成促进社会和经济发展的创新文化。依靠共产主义思想对资本主义或封建地主阶段的改造仅仅在生产资料的分配上，而非从最核心的文化理念上；二是随着改革开放以来，以资本主义价值文化为代表的外来文化的大量涌入，一方面由于我们自己本来就没有形成自己的特色文化，很容易被这些外来文化“攻城略地”地占领；另一方面，由于中国特色的发展理论和模式并未形成，从社会文化的发展过程中，不可避免地造成了人们心理上的“痛苦反思”和“无所适从”，从而造成人们从思想到行为上的“不安”；三是改革开放以来，从社会到个人皆呈现浮躁之状态；四是长期忽视创新文化的教育，也是造成这种“文化断层”的重要原因之一。

综上所述，有必要对当代中国文化之“断层现象”具体现象做一分析：

一是虚无文化。近年来出现了抹黑历史、否定历史为代表的历史虚无主义。他们打着“还原历史真实面目”“揭开历史虚假面纱”等旗号，不顾历史存在的客观事实，大肆对中国历史上的事件和英雄人物进行否定、诋毁，

对历史事件和人物进行唯心曲解，对历史上已经被定性的民族败类进行“创造性的美化”。历史虚无主义带来了民族文化的虚无，造成的危险是巨大的，不仅丧失了对历史事实的尊重，也丧失了民族自豪感，更是失去了民族未来的自信心。

二是美化历史泛滥。与以上历史虚无主义相反的是美化、歌颂历史，大量歌颂封建帝王将相、后宫嫔妃等历史题材的作品充斥视野。一些以封建帝王为题材的文化作品（尤其是清朝居多）一味地歌功颂德，而对其封建性、守旧性、落后性刻意回避，如此自然会造成对历史的“误读”，丧失人们对历史与当代先进性的对比和思考。比如，风靡一时的电视剧《康熙王朝》《雍正王朝》等，一味的歌颂其勤政治国、丰功伟绩，而忽略了正是在那个历史阶段，中国与世界真正开始拉开了差距，也正是大清王朝的封建性和守旧性才造成中国在工业革命时期被世界甩在后面，沦落到落后挨打的境地。学习历史重在借鉴、创新、创造，一味地美化历史、照搬历史，连穿衣都复古，并不是传承历史文化，是倒退，百害而无一益。

三是殖民文化。我们无法回避曾经的半封建半殖民地历史。今天，中华人民共和国成立已 68 年，我们国家独立于世界民族之林，日益富强，可是殖民文化仍然存在，殖民文化的典型特征就是“畏洋”“崇洋”，这种殖民文化在各地也或重或轻地存在，比如上海某些女孩子以叫外国名为荣、以嫁外国人为幸福，某些企业或政府以与外国人合作而牺牲更多利益等。再比如一味取悦外国人的一些文化产品等。

四是消极文化。消极文化，顾名思义就是对国家民族丧失信心，对社会不尽责任和义务，对生活和事业丧失激情和活力，这种文化一旦占领青年一代的思想，会丧失国家和民族的希望与未来。在我国青年一代，信仰缺失、责任丧失、缺少激情、失去斗志、沉沦堕落，这样的人已为数不少。这种消极文化在文化产品中更是多见，甚至有些电视节目成为消极文化的传播平台。试想，指望一首歌而成名、寻求一个节目找到爱情归宿的年轻人还会去勤奋努力吗？再比如娱乐界的花边新闻充斥着某些报刊和网站头条，成为社会关注热点，这是否有积极上进的意义呢？如果一个国家民族之文化丧失了斗志、奋斗、激情和活力，又如何去承担家庭和社会责任呢？

五是低俗文化。笔者上文提出，文化对社会发展的推动作用就是“化人”，通过教化、影响人的思想，激发人的创造力，从而通过对精神和物质的创造推动社会进步发展。因此，社会文化必须积极上进性，而今低俗、庸俗、媚俗的文化产品还在市场上充斥。若一味以“三俗”产品取悦观众，将忽视或丢弃文化作品对社会的引领作用。不可思议的是，几乎囊括了小三、同性恋、早恋、车震、斗殴等元素的电影居然有“不菲”的票房。我们没有理由去抱怨观众的欣赏水平，可是我们的文化市场主管部门、文化工作者们不应该不注意文化艺术应有的社会责任（就是化人），若不加注意，产品将出现低级的取悦。这些打着“观众喜欢就是好作品”“票房就是文化作品优劣评价标准”旗号的文化产品，实则是社会文化的垃圾或者鸦片。再比如，一些本来低俗下流的语言却打着“潮派”“新人类语言”等旗号招摇过市。如：“唛塞”“屌丝”“齐B裙”等。试想，此等下流低俗之语言从一个青春美女口中喷出，岂不令文化“先贤们”羞愧。

六是文化价值混乱。从文化艺术而言，价值是对艺术水平或者对社会贡献的一种具体化、形象化的肯定。而从价值方式去衡量的话，价值混乱不可忽视。比如一个靠“一曲成名”或者“一秀出世”的歌手，可以一场演出挣几千、几万、几十万，而一个科技工作者辛辛苦苦搞科研，其价值却远远比不上；再如一部有正能量的文化作品可能票房惨淡，而一部“烂片”却能卖出高的票房收入等。文化产品价值缺位必将造成文化价值取向的偏离，低俗文化盛行，庸俗文化充斥市场也就不足为奇了。而文化产品之价值混乱现象更为突出。比如以“宁在宝马车里哭，不在自行车上笑”而闻名全国的拜金女，真不知道这么个节目是宣扬什么样的价值观；那个不但舍得自己脱，还勇于动员自己妈妈、妹妹脱的干露露，又在“捍卫”什么样的价值观？

从以上列举实例中可以看出，当前中国文化中有这些“杂质”。清除这些“杂质”，有利于中国传统文化思想经典守住阵地，有利于国学的弘扬发展。

三、国学的弘扬传承需要创新的方式方法

我们对传统经典文化的传承不仅去其糟粕，更要与时俱进的创新，在推广方面也需要采取创新的手段。不论是从经济发展，还是从社会制度来分析，中国即将进入历史上最好的发展时期，而中国的文化也必将迎来又一次

的繁荣。从世界范围大趋势讲，随着中国改革开发步伐加快与经济发展和影响力提升，中国传统文化中将会在世界范围传播与发展机遇。而就当前中国之文化现状，如要实现真正意义上的繁荣，笔者认为要做好以下几点：

一是坚持改革。改革是国学文化繁荣发展的推动力。前面提到，任何一种文化其对社会的引领作用都不是一层不变的，而必须不断实现与时俱进的创新，而这种创新则需要用改革的手段。就当前中国来分析，为实现文化的繁荣，要对文化的体制和机制进行改革或者改良。也就是说，中国的文化功能应从政府的管理向引领、服务社会转变，突出社会在文化建设中的突出位置；同时，通过对现行文化体制的改革释放出机制活力。因此，应加大文化体制的市场化改革，培育具有市场竞争力的文化机制，政府则应重点加强监管功能。

二是坚持对外开放。不论从世界上的历史发展，还是中国历史上几次文化繁荣，皆是社会文化开放的结果。中国历史上从盛极一时的大清帝国从世界帝国衰败到任人宰割的境地，是闭关锁国、自我陶醉之必然结局。从经济发展特征来看，中国长期处于以农业经济为基础的封建统治之下，从最初的狩猎到后来农耕皆是从山区到平原的“黄色文明模式”，而随着西方工业经济的快速发展，黄色文明中国由于未能以开放的视野融入世界，落后挨打便成了一种宿命。从改革开放的实践来看，从沿海向内陆梯度发展成为中国经济发展的规律，也正是这种“蓝色经济模式”成为开放的重要标志，因此说，中国文化的繁荣和社会经济发展要以对外开放为基础。

三是要包容。前面提到，中国历史上第一次文化繁荣，是以春秋战国时代“百家争鸣”，数十家甚至数百家学术流派，成体系和流派的就达十多家之多，而这些流派不乏矛盾和观点冲突。智者兼听，辩者思明；竞争激发活力，争论方形良策。只有不同观点、不同学术流派、不同文化理念共融存在，相互影响、融合、作用才能促进文化的繁荣发展。在当前中国之发展实际而言，国家宪法和相关法律规定范围内，充分发挥民智、民言之作用，实现百花齐放、百家争鸣，教才有利于实现文化之繁荣。

【第二辑】

【目录】

【第一辑】

【第一辑】是之新说·立世篇

世自虚中生，因人而立世；人自天地来，因世立而立。人立于世间，初与天地自然斗而立，中与命运生死争而立，后与自欲惰堕搏而立，终知立之难然难亦立？

无力则难立，无力何以搏于世；无价难立，无价何以存于世？无搏难立，无搏何以拼于世？无德难立，无德何以惠于世？无责难立，无责何以长于世？

以力立世，则立以业成为本；以价立世，则价立以正途为本；以搏立世，则搏立以志向为本；以德立世，则德立以修身为本；以责立世，则责立以福天下为本。

——李继凯《是之新说·立世赋》

第零零壹篇

【原文】

谋事如山，高入云，低扎地，曰顶天而立于地；做事如水，善其变，注倾力，曰遇势而善转；立世如阳，内生骄，外燃炙，曰燃己而染世；处世如乐，己醉中，陶其娱，曰己乐而乐于人。

——李继凯《是之新说·立世篇·第零零壹篇》

【释义】

谋划发展规划时，要如高山，既要具备高度、战略和前瞻，又要接地气可实施；执行时要像水一样，善于审时度势、善变而为、遇势而善变；人立于社会，要有太阳的特征，内心自信、激情、骄傲，对外要点燃、感染、燃烧别人；与人相处，要乐观、风趣、向上，不但自己快乐，也要带给别人快乐。

謀事如山，高入雲，低扎地，曰頂天而立於地；

做事如水，善其變，注傾力，曰遇勢而善轉；

立世如陽，内生驕，外燃炙，曰燃己而染世；

處世如樂，己醉中，陶其娛，曰己樂而樂於人。

——李繼凱是之新說，義而備萬寒雲書篇

第零零贰篇

【原文】

勤思则脑不钝，勤幻则心不锈，勤动则身不朽；脑钝则心老，心锈则态老，身惰则命老。

——李继凯《是之新说·立世篇·第零零贰篇》

【释义】

善于思考的人大脑不会迟钝，善于幻想、梦想的人心态不会过早衰老，经常运动、行动的人身体机能和功能不会过早地退化或老化；人一旦大脑迟钝，心态就会快速地衰老，心一旦过早衰老了，外表形态和神态就会加快衰老，人一旦懒惰了其身体就快速地衰老，人的生命就会迅速地缩短。

勤思则脑不钝，勤幻则心不锈，勤动则身不朽；脑钝则心老，心锈则态老，身惰则命老。

——李继凯是之新说·壹篇第零零贰篇

第零零叁篇

【原文】

拥“佛心”者必“佛力”，践“佛行”者获“佛果”；佛心：救世、扶危，仁弱之念；佛力：正气、正力、正势之能；佛行：正途、正道、正法之行；佛果：正财、正位、正势之果。

——李继凯《是之新说·立世篇·第零零叁篇》

【释义】

一个人拥有正义、善良、慈悲的心理，就会具有正能量，采取了正确的方式方法，就会获得正当的结果；人具有救世之信念、扶危济困之慈心、救助弱小之善理，就是拥有了佛心；拥有正义之气就具备正力，就会形成正势；在实现个人目标或做事时，要采取正当的方式方法；就能获得正当的财富、地位和社会尊重。

擁佛心者必佛力，践佛行者获佛果；佛心救世扶危，仁智之念；佛力，正气，正力正势之能；佛行，正途、正道，正篇之行；佛果，正财、正位、正机势之果。

——李继凯是之新说、立言篇第零零叁篇

第零零肆篇

【原文】

安生稳，稳生逸，逸生懒，懒生堕；求安而不安于安，寻稳而不稳于稳，追逸而不逸于逸，贪懒而不懒于懒，思堕而绝不堕于堕。

——李继凯《是之新说·立世篇·第零零肆篇》

【释义】

安全、固定环境久了，就会产生求稳定、惧风险、怕创新的想法；过于喜欢稳定了，就会产生享受安逸的想法；过多贪图安逸，就会产生懒惰的想法；懒惰久了，自然会堕落下去；因此，寻找稳定不可过于稳定，追求安逸不可乐于安逸，贪恋懒惰不可贪图懒惰，去想堕落不可甘于堕落。

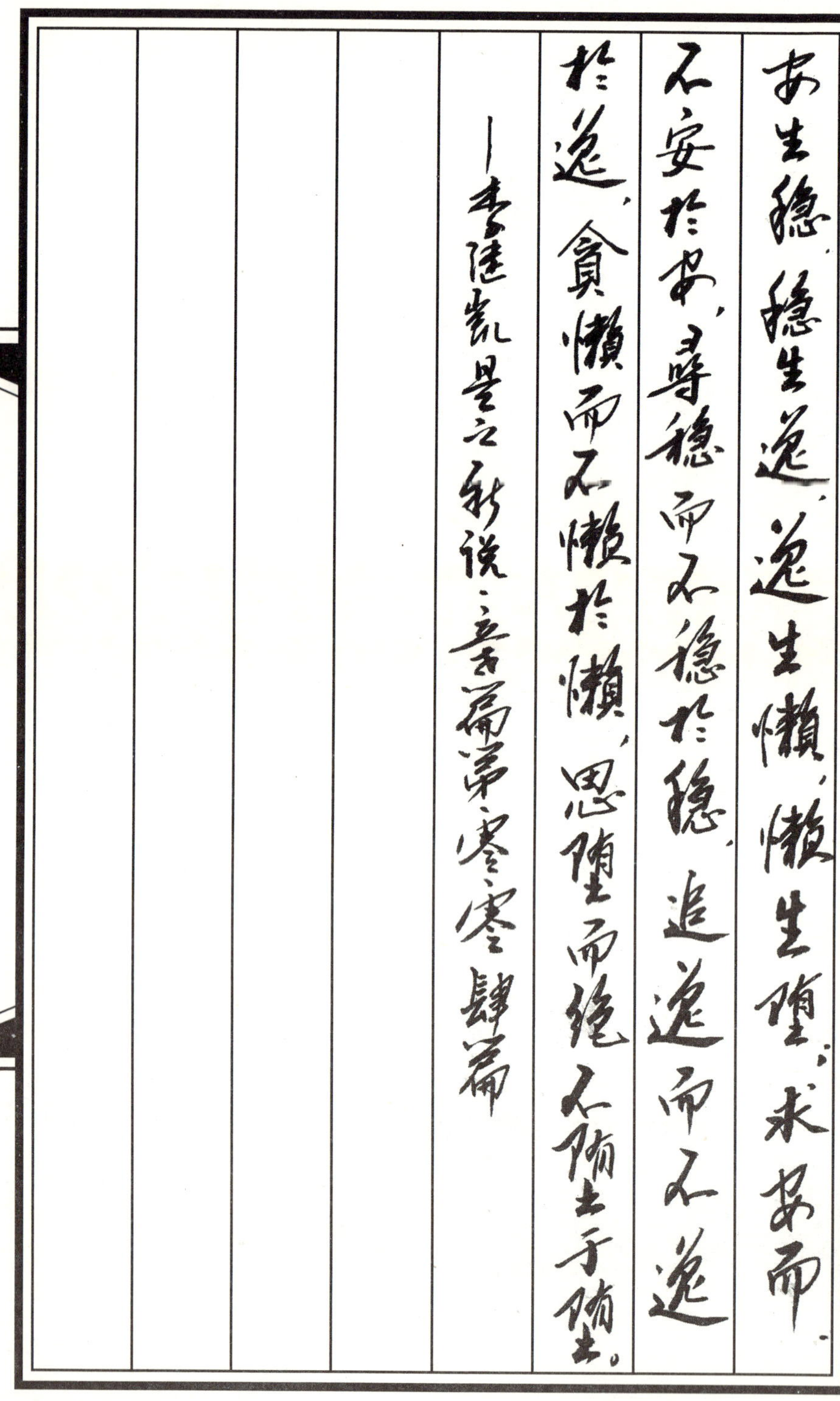
安生穩，穩生逸，逸生懶，懶生墮；求安而
不安於安，尋穩而不穩於穩，逸而不逸
於逸，貪懶而不懶於懶，思墮而絕不墮于墮。
——李繼凱是之新說·章篇第叁叁肆篇

第零零伍篇

【原文】

少不失梦，老不思悔；得不忘形，失不失态；穷不失志，富不丧德；成不傲语，败不哀息。

——李继凯《是之新说·立世篇·第零零伍篇》

【释义】

少年时候不能丢失幻想、梦想和理想，老年时候不要去追悔、后悔和遗憾；得到想要的东西、实现自己的目标，不要得意忘形，而失去或者失败的时候，不要内失积极向上、阳光灿烂的心态，外失魂落魄、悲观失望；贫穷不能失去志向，富有不能丧失道德、品格；成功成就不可骄傲自满、傲气冲天，失败不可怨天怨地、哀声叹息。

少不失梦，老不思悔；得不忘形，失不失態；穷不失志，富不丧德；成不傲语，败不哀息。

——李继凯是之新说·立志篇第零零伍篇

第零零陆篇

【原文】

无私则无欲，无欲则无求，无求则无思，无思则无勤，无勤则无果；私不唯己得财物，唯己利者小私，为众得而己得为中私，大义获小私者为大私。

——李继凯《是之新说·立世篇·第零零陆篇》

【释义】

自私是推动社会发展的原始性动力。人要是没有自私就没有了欲望，也就没有了追求和理想，也就不会去思考未来和创新；人失去了理想和追求，必定会懒于行动，也就不会有成果或成就。自私并不是仅仅追求自己获得，只图自己获得是小私，为他人或众人获得自己也获得为中私，而为国家、民族、社会发展、繁荣、和谐努力，同时又获得收获为大私。

無私則無欲，無欲則無求，無求則無思，无思則無勤，無勤則無果；私不惟己得財物，惟己利者小私，為衆得而己得為中私，大義獲小私者為大私。

——李継凱是之新說·立志篇第零零陆篇

第零零柒篇

【原文】

童不养娇，少不养懒，青不养逸，中不养堕，老不养倚；童留梦，少立志，青修性，中擅思，老养体。

——李继凯《是之新说·立世篇·第零零柒篇》

【释义】

人在幼小时候不能去娇惯、宠惯，少年时候要勤奋不可懒惰，青年时候要拼搏努力不贪图安逸、享乐，中年时候不管是功成名就还是依然清贫都不可堕落、沉沦，老年时候不可以老资格、老经验自居倚老卖老；人在儿童时候应该有梦想、理想，少年时候应该有志向、目标，青年时候应该注重修养和品德，中年时候应善于思考、感悟，老年时候应该注意保养身体。

童不養殘，少不養懶，青不養逸，中不養墮，老不養倚；童留夢，少立志，青修性，中擅思，老養體。

——李繼凱是之新說，立式篇第壹零柒篇

第零零捌篇

【原文】

心灵放逐而身不放肆；思想放飞而行为不放纵；思维狂羁而言语不狂妄；灵魂狂傲而行动不狂放。

——李继凯《是之新说·立世篇·第零零捌篇》

【释义】

人的心灵需要无拘无束地放飞，而身体和形象不能肆意而乱为；人的思想可以海阔天空地畅想，而在社会上行为不能放纵胡为；人的思维可以放荡不羁而言语和释放的声音不能狂妄傲慢；人的灵魂可以高傲而行动的时候不能鲁莽乱为。

心灵放逐而身不放肆；思想放飞而行为不放纵；思维任翱而言语不狂妄；灵魂狂傲而行动不狂放。

——李继凯是之新说·无意篇第零零捌篇

第零零玖篇

【原文】

乞必失尊，求必失利，媚必示贱，合则互赢。

——李继凯《是之新说·立世篇·第零零玖篇》

【释义】

乞求、恳请别人获取收益或者办事必然会付出尊严的代价，哀求、请求别人获取收益或办事必然会牺牲自己的利益和权力，奴颜婢膝去面对别人的时候不仅显示出自己下贱，也只会得到别人低贱或廉价的回报，只有以平等的方式去合作实现共赢或多赢，才能获得尊重、重视和价值体现。

乞必失尊，求必失利，媚必示贱，合则互赢。

——李继凯是之新说·立言篇第叁叁玖篇

第壹拾篇

【原文】

泪流心者强，泪流独者烈，泪流敌者弱，泪流挫者懦，泪流爱者情，泪流众者戏。强者泪铸钢，烈者泪誓坚，弱者泪生唾，懦者泪成厌，情者泪似柔。

——李继凯《是之新说·立世篇·第壹拾篇》

【释义】

强者把泪流在自己心里，烈者把泪流给自己从不示人，弱者才会在敌人面前流泪，懦弱者才会在遇到挫折困难时流泪，为爱而流泪者是钟情，守着众多人流泪是一种演戏罢了。强者流泪是为了让自己更强大，烈者流泪是一种坚定誓言，弱者流泪只会被人唾弃，懦弱者流泪只能换来厌恶，为爱者流泪体现了一种温柔、温情。

淚流心者強，淚流獨者烈，淚流敵者弱，淚流往者懦，淚流愛者情，淚流眾者戲。強者泪鑄鋼，烈者淚磐堅，弱者泪生嘆，懦者泪成厭，情者泪似柔。

——李继凯是之新說，意篇第壹拾篇

第壹拾壹篇

【原文】

恃才不生傲则才聚；有才不失责则才升；仗才不狂妄则才势。见财不忘义则财积；有财不失德则财增；拥财不丧志则财远。

——李继凯《是之新说·立世篇·第壹拾壹篇》

【释义】

有才华而不狂妄高傲的人，会聚集更多的才华和具有才华的人；有才能而不忘却责任的人，会更好地增加自己的才能；不仰仗自己才华、才能而狂妄的人，会促进自己影响力的提升。面对财富不忘却义气、责任和同伴的人，财富会进一步集聚；具有了财富不丧失良好道德修养与品德的人，财富会进一步增加；拥有了财富而没有忘记远大的理想和目标的人，财富会长时间地拥有。

恃才不生傲則才聚；有才不失責則才升；仗才不狂妄則才勢。是財不忘義則財積；有財不失德則財增；擁財不喪志則財遠。

——李繼凱是之新說·意篇第壹拾壹篇

第壹拾贰篇

【原文】

与君子斗敬而不苟，与庸者斗争而无益，与小人斗胜而有险。

——李继凯《是之新说·立世篇·第壹拾贰篇》

【释义】

与具有高贵品格、高雅修养的人虽然存在利益、观点等方面的冲突或矛盾，即使有争斗也心存敬意；不要与比自己弱小或地位低的人去争斗，即使赢了也没有什么益处；与那些心怀恶意、心怀叵测的人争斗，即使自己赢了也会存在巨大风险。

与君子斗，敬而不苟；与庸者斗，争而無益；與小人斗，勝而有險。

——李继凯是之新説·立世篇第壹拾貳篇

第壹拾叁篇

【原文】

乐业者享业之愉，慰疲疗心而休于体；乐嬉者受业之苦，劳身累心而老于命。

——李继凯《是之新说·立世篇·第壹拾叁篇》

【释义】

喜欢工作或事业的人，以工作为快乐，工作疲劳时实际上是在享受，而对身体则是一种休息和调养；喜欢享乐的人，面对工作是在忍受痛苦，不但是身体的疲劳，也是心理上的一种折磨，这样就会加速生命的衰老。

樂業者享業之愉，慰疲療心而休於體；樂遊者受業之苦，勞身累心而老於命。

——李繼凱《是之新說·立志篇》第壹拾叁篇

第壹拾肆篇

【原文】

事严谨，人严肃，己严格；律己方正人，严肃赢尊重，严谨利成事。

——李继凯《是之新说·立世篇·第壹拾肆篇》

【释义】

做事情的时候严谨认真，为人处世态度要严肃，对待自己要严格要求；自己严于律己不仅可以榜样于人，还能起到影响修正别人的效果，对待生活、社会或人生态度严肃，会赢得尊重，对事情或工作具有严谨的态度和方式方法会更利于做好工作。

事严谨，人严肃，己严格，律己才正人，严肃赢尊重，严谨利成事。

——李继凯《是之新说·严篇》第壹拾肆篇

第壹拾伍篇

【原文】

留幻想，拥梦想，定理想；常幻不僵，常梦不罔，常想不茫。

——李继凯《是之新说·立世篇·第壹拾伍篇》

【释义】

人大脑中一定要保留着一份幻想，心里拥有一份梦想，设定或规划一份理想和目标；经常保留幻想的人大脑不会僵化守旧，时刻保持一种梦想的人心里不会茫然彷徨，时时存在理想的发展方向和奋斗目标不会迷失。

留幻想，擁夢想，完理想；常幻不僵，常夢不阔，常想不壮狂。

——李继凯是之新说，三篇第壹拾伍篇

第壹拾陆篇

【原文】

得势不猖狂，必成大势；失势不沮丧，必得新势。得志不嚣张，必得大志；失志不沦丧，必得新志。

——李继凯《是之新说·立世篇·第壹拾陆篇》

【释义】

人获取顺利顺势时不得意张狂，必将能获取更大的顺利顺势；人遇到不顺或处于低谷时不去悲观失望，必会获得新的顺利；人获得成功的时候不徒生得意狂妄，必将获得更大的成功；人在没获得成功的时候不沉沦失望，也还会获得新的成功。

得势不猖狂，必成大势；失势不沮丧，必得新势。

得志不嚣张，必得大志，失志不沦丧，必得新志。

——李继凯是之新说·五言篇第叁拾陆篇

第壹拾柒篇

【原文】

道不同，谋则罔，心不近，处则废，情不深，携则分；同道不同心者避，同心不同道者亲，同心同道者合，不同心同道者处。

——李继凯《是之新说·立世篇·第壹拾柒篇》

【释义】

与思想境界和道德价值不一致的人谋事是徒劳，与心不靠近感情不深的人相处终会分开的，也是一种时间的浪费；对思想境界和道德价值不同的人要回避或躲避，思想一致道德相同而发展目标不同的人可以亲近，对思想和道德一致的人可以合作，而对于思想和道德一致但发展方向不同的人可以相处。

道不同，謀則圖，心不近，處則嚴，情不深，攜則分；同道不同心者避，同心不同道者親，同心同道者合，不同心同道者、處。

——李繼凱 是之新、立言篇第壹拾柒篇

第壹拾捌篇

【原文】

强者约其行，勇者束其为，智者管其理；行之有规，为之有善，理之有序；规而促强，善而促勇，序而促智。

——李继凯《是之新说·立世篇·第壹拾捌篇》

【释义】

坚强的人会管住自己的行为，勇敢的人会约束自己的作为，智慧的人会管理好自己的思想；行为要有规范，作为要体现仁爱，思想要有秩序；心中有规则会促进自己的强大，心中有仁爱会促进自己的勇敢，思想有秩序会促进自己更聪明。

继者约其行，勇者束其为，智者贯其理；行之有规，为之有善，理之有序；规而促继，善而促勇，序而促智。

——李继凯是之新说·善篇第叁阶捌篇

第壹拾玖篇

【原文】

安天下需志，成事业靠谋，扫陋室需动；志虽大、谋虽强，然不动则无天下。

——李继凯《是之新说·立世篇·第壹拾玖篇》

【释义】

拥有天下需要宏大的志向，成就事业需要高超的谋略，清扫房间需要切实的行动；一个人如果具有了远大的志向和战略，也具有了高超的智慧和谋略，但是如果不去行动也不会取得天下。

为天下需志，成事业靠谋，扫陋室需动；志虽大，谋虽缠，然不动则无天下。

——李继凯是之新说·立志篇第壹拾玖篇

第贰拾篇

【原文】

不多思则愚，不勤动则废，不努力则惘；多思必有方向，勤动必有成就，努力必将无憾。

——李继凯《是之新说·立世篇·第贰拾篇》

【释义】

人不经常思考就会变得愚笨，不经常行动就会废弃，不去努力就会收获空空；平时多思考必定有发展的方向，勤于行动必定有收获，只要努力了一生就没有什么遗憾的了。

不多思則愚，不勤動則廢，不努力則惘，多思必有方向，勤動必可成就，努力必將無憾。

——李繼凱 是之新說·立志篇第貳拾篇

第贰拾壹篇

【原文】

品孤单、尝苦难、赏挫折、怀大任、善践诺、愿付亏、度谦逊、君同伍、修身心、永未满则大业可成也！

——李继凯《是之新说·立世篇·第贰拾壹篇》

【释义】

忍受得了孤独折磨、不惧怕苦难的洗礼、经受得了挫折的打击、心中怀有巨大的责任、善于实践自己的诺言、甘愿吃亏付出、态度低调谦虚、与正派君子同伴、注意修养身心、永远不骄傲自满，这样的人一定可以成就大事业。

品孤單、常吾往、賞挫折、懷大任、善踐諾、顧付爵、度謙遜、君同位、脩身心、永未渝則大業可成也

——李繼凱《是之新說》廿五篇第貳拾壹篇

第贰拾贰篇

【原文】

求财之欲、成才之需、获荣之誉谓“三欲”；财之生存，成之成就，荣之名誉。

——李继凯《是之新说·立世篇·第贰拾贰篇》

【释义】

谋取金钱的欲望、自我成就的需要、获得社会荣誉与尊重可以说是人的三大需求；金钱是生存的必须，成才是成就的必要，取得社会尊敬是荣誉需要。

求財之欲，成才之需，獲榮之譽謂三欲；財之生存，成之成就，榮之名譽。

——李繼凱是之新說·立言篇第貳拾貳篇

第贰拾叁篇

【原文】

不可跟风，但要趋势；不可唯财，但要谋利；不可恋权，但要思位；不可贪欲，但要图途；不可滥情，但要大爱。

——李继凯《是之新说·立世篇·第贰拾叁篇》

【释义】

不要盲目跟随潮流，但是必须要了解趋势的发展方向；不要把金钱当成唯一追求的目标，但是要有谋取利益价值的能力和手段；不要迷恋痴迷于权力，但是要反思自己位置的责任和义务；不要过度拥有贪图的欲望，但是要谋取自己的事业和发展；不要过度泛滥于情感，但是要拥有爱天地之大爱。

不可跟風，但要趋勢；不可惟財，但要謀利，不可戀權，但要思位；不可貪欲，但要高遠；不可濫情，但要大愛。

——李继凯是之新说、意篇第貳拾叁篇

第贰拾肆篇

【原文】

想大事，做正事，能成事；想做事，能做事，做成事；战略须大，手段须正，做事须成。

——李继凯《是之新说·立世篇·第贰拾肆篇》

【释义】

人要想着去做大事，正当合法合规地做事，还要必须去做成事；人要时刻想着去做事，还要具有做事的能力，才能做成功事；人要成就事业，战略与格局及规划要大，要用正确正当的方式方法和手段，还要努力去做成功。

想大事、做大事、能成了；想做事、能做事、做成了；戰略須大、手段須大、做了須成。

——李继凯是之新说·大大篇第貳拾肆篇

第贰拾伍篇

【原文】

世无路，脚落之处即成；路无标，脚方向即为标；路无尽，志止之时即为志；路无终，心止之瞬即为终。

——李继凯《是之新说·立世篇·第贰拾伍篇》

【释义】

在没有路的荒漠里，脚落下的地方就会成为路；在没有方向的道路上，脚步指向的方向就是路的方向；道路本来是没有尽头的，人的志向志气停止时就是路的尽头；道路本来也是没有终点的，人拼搏进取的心静止的那一瞬间就成为道路的终点。

無路，腳落之處即成；路無標，腳才向即為標；路無盡，志止之時即為志路之終，心止之瞬即為終。

——李继凯是之新说・立言篇第貳拾伍篇

第贰拾陆篇

【原文】

救世者度己，度人者助己，助弱者成己；大己者普世，中己者达人，小己者成己。

——李继凯《是之新说·立世篇·第贰拾陆篇》

【释义】

具有救世精神的人实际上是在度己，帮助别人的人实际上是在帮助自己，扶危济困的人实际上是在成就自己；具有大自我的人具有普度世间众生的胸怀，具有中自我的人拥有帮助成就别人的行为，而仅具有小自我的人只是以成就自己为目标。

救世者渡已、渡人者助已、助弱者成已；大已者普世、中已者达人、小已者成已。

——李继凯是之新说，立言篇第贰拾陆篇

第贰拾柒篇

【原文】

圣者律于心，心则成道；贤者守于律，律则自尊；君者循于规，规则成法；仕者遵于法，法则身遵。

——李继凯《是之新说·立世篇·第贰拾柒篇》

【释义】

圣者心中自然具有天生的规则，心中本身就具有极高的道行；贤者会自觉遵守于各种规则与律法，尊律会成为自己的自觉行动；君者遵循社会规则行事，规则久即成为社会法律；仕者需要遵守社会法律，遵守法律则本身就是尊重自己。

聖者律於心，心則成道；賢者守於律，律則自尊；君者循於規，規則成法；仕道遵於法，法則身遷。

——李繼凱是之新說·立言篇第貳拾柒篇

第贰拾捌篇

【原文】

人不静方燥狂，心不宽方怒怨；人无力方叹弱，心无能方乞强；人失志方畏难，心失责方生堕；人少慈方记过，心少善方怨功；人寡智方恨精，心寡谋方妒才。

——李继凯《是之新说·立世篇·第贰拾捌篇》

【释义】

人内心不平静便会表现出狂躁的表情，人内心不宽广就会徒生很多怨恨与怒气，人力量缺少才去哀叹自己弱小，人心里没有能力才去向强势低头；人没有远大的志向才畏惧眼前的困难，人没有重大的责任才会使自己堕落沉沦，人缺少了慈悲之心才常去记别人的过错，人缺少了善良才多去抱怨功劳得不到肯定；人缺少智慧才去痛恨别人的聪明，人感觉自己没有谋略才去妒忌别人的才华。

人不静方躁狂，心不宽才怨怒，人无力才叹弱，心无能才气强，人失志才畏难，心失责方生堕，人少慈方记过，心少善才怨功；人贪智才恨精，心贪谋才妒才。

—李继凯 是之新说、善篇第贰拾捌篇

第贰拾玖篇

【原文】

处污不染则圣，遇波不随则坚，入俗而不庸则傲；逆境而不馁则勇，平境而不消则强，顺境而不丧则贤。

——李继凯《是之新说·立世篇·第贰拾玖篇》

【释义】

处在污浊、凶险、消极环境中，不被环境改变，可算得上是圣人；处在一种潮流、趋势、众势之中，而不随波逐流，可称得上是坚定的人；处于一种平庸、平凡、平淡中，不自甘平庸堕落，可称得上值得骄傲的人；处于不顺、不利、逆境中，不气馁沉沦，可称得上是勇敢的人，处于平常、平静、平和环境中，不消极消沉，可称得上是坚强的人；处于顺利、顺势、顺流中，不丧失目标与斗志，可称得上是贤明的人。

處汙不染則聖，遇波不隨則堅，入俗而不庸則傲；逆境而不餒則勇，平境而不清則強，順境而不喪則賢。

——李繼凱是之新說·立言篇第貳拾玖篇

第叁拾篇

【原文】

心之道为己之道，己之道即天之道，天之道即自然道，自然道即人之道；做之愿做之想，为之乐为之事，处之喜处之人，人生何乐而致也！

——李继凯《是之新说·立世篇·第叁拾篇》

【释义】

一个人的思想境界决定了这个人所表现出来的社会形象与道德品质，一个人的道德品质决定了这个人所自觉遵守的准则与规则，一个人所遵守的准则与规则决定了这个人发展的自然规律，一个人所拥有的自然发展规律决定了这个人的人生轨迹和结果。

心之道為己之道，己之道即天之道，天之道即自然道，自然道即人之道：做之願做之想，為之樂為之事，需之盡需之人，人生何樂而致也。

——李继凯是之新说·立言篇第叁拾篇

第叁拾壹篇

【原文】

弱者方惧压力巨；懦者方怕途道艰；庸者方怯竞争烈；平者方叹对手强。勇者以斗志为乐；强者以争锋为好；仁者以济世为责；义者以豪情为任。

——李继凯《是之新说·立世篇·第叁拾壹篇》

【释义】

弱者才会惧怕生活、工作、社会压力巨大；懦者才会害怕人生道路、事业发展、工作进展遇波折与挫折；庸者才会哀叹对手、敌人、困难的强大、强悍。勇敢的人以时刻具备斗志、时刻都在以战斗为快乐；坚强的人以与强大的对手或困难去争夺高下为愉悦；仁爱的人以扶危济困、救助弱小为自己的责任；义气的人以具有豪情义气为自己的任务。

弱者方惧压力巨；懦者方怕途道艰；庸者方忧竞争烈；平者方叹对手强。勇者以斗志为乐；强者以争锋为好；仁者以济世为责；义者以豪情为任。

——李继凯是之新说·卷篇第叁拾壹篇

第叁拾贰篇

【原文】

国之盛在于强民，民之强在于心智，心之智在于信仰；国之兴在于多仕，仕之成在于大义，义之大在于大任，任之大在于大成。

——李继凯《是之新说·立世篇·第叁拾贰篇》

【释义】

一个国家强盛的标志是人民的强大，国民强大的标志是心智的强大，国民心智的强大在于拥有崇高的信仰；一个国家的兴盛在于拥有大量的具备责任担当、品格高贵、道德正义的“仕者”，仕者应具备国家民族大义的品格，大义者必具备怀天下苍生、国家兴亡、民族兴衰的大任，大任者必会收获大的成就。

国之盛在于强民，民之强在于心智，心之智在于信仰，国之兴在于多仕，仕之成在于大义，义之大在于大任，任之大在于大成。

——李继凯是之新说，立志篇第叁拾贰篇

第叁拾叁篇

【原文】

具正心者方思正途，思正途者方谋正事，谋正事者方成大事，成大事者方成大势，成大势者方尽大责。

——李继凯《是之新说·立世篇·第叁拾叁篇》

【释义】

具有正气的人才会去思考正义的发展方式，选择正义事业的人才会选择正当的事业，谋划正当、正确事业的人才能成就大成就，具有大成就的人才能形成社会大势，成就大势的人才能为社会尽更大责任。

具正心者方思正途、思正途者方謀正事、謀正事者方成大事、成大事者方成大勢、成大勢者方盡大責。

——李繼凱是之新說、立言篇第叁拾叁篇

第叁拾肆篇

【原文】

尊不分人前人后，敬不分位高位低，亲不分距远距近，爱不分貌美貌丑。

——李继凯《是之新说·立世篇·第叁拾肆篇》

【释义】

尊重一个人不应该分在当面或者背后，敬重一个人不能在乎社会地位高或者低，感情深不在乎距离的远或近、是否常常见面，真正爱一个人不在乎相貌美或者丑。

尊不分人前人後，敬不分位高位低，親不分距遠距近，喜不分貌美貌丑。

——李繼凱《是之新説·立志篇第叁拾肆篇》

第叁拾伍篇

【原文】

不计较一时得失，不在乎一时荣辱，不顾及一时成败；得时不喜，失时不悲，荣时不猖，辱时不猥；成时不狂，败时不沦。

——李继凯《是之新说·立世篇·第叁拾伍篇》

【释义】

人，不应该计较短时的获得或者失去，不应该在乎短期的荣耀或者屈辱，不应该在乎阶段的成功或者失败。获得的时候不去大喜，失去的时候不去悲伤，荣耀的时候不去猖狂，被羞辱的时候不猥琐，成功的时候不张狂，失败的时候不沉沦。

不計較一時得失，不在乎一時榮辱，不顧及一時成敗；得時不喜，失時不悲，榮時不驕，辱時不猥；成時不狂，敗時不淪。

——李繼凱是之新說·立志篇第叁拾伍篇

第叁拾陆篇

【原文】

立于利，长于义，成于责；无利则义空，无义则责短，无责则利微；以责立世则聚义而利丰，以义立世则少责而短利，以利立世则责失而义离。

——李继凯《是之新说·立世篇·第叁拾陆篇》

【释义】

利益虽然是人立于世之根本，但长期的利益需要依靠道义去维持，而利益有大的成就则需要责任去支撑；没有利益支撑的道义也许是空洞的，但没有道义去支撑的责任也可能是短期的，而没有责任支撑的利益必定是微细的；以责任去聚集道义必会获取更大的利益，仅以道义少了责任利益必定不会长远，而仅仅以利益丧失责任必定道义也会丧离。

立於利，生於義，成於責，無利則義空，无義則責短，無責則利微，以責立世則聚義而利豐，以义立世則少責而短利，以利立世則責失而義離。

——李繼凱是之新說、立世篇第叁拾陆篇

【第二辑】是之新说·处世篇

世事人所为，事为人相处；人事非己成，借聚力而处。人相处于世间，聚同道同业同伴而处，合同志同情同爱而处，融同智同谋同力而处，虽以己心道力为本终须相处也！

捭阖为处，阴阳精于计；纵横为处，连合智于谋；近善为处，品德性于修；弃恶为处，远恶善于心；己强为处，纳众合于力。

以业处世，则求正道谋正事成正业取正财；以友处世，则识益友交良友处平友而远损友；以善处世，则近君子远小人亲善小弃恶为；以责处世，则怀天下惠民众福亲人眷有朋。

——李继凯是之新说《处世赋》

第零零壹篇

【原文】

同道者尽心，同行者尽意，同利者尽力，同责者尽义，同情者尽爱；心意同易而力义难，同力义易而同责道者少。

——李继凯《是之新说·处世篇·第零零壹篇》

【释义】

对于志同道合者要尽心相处，对共谋创业者要真情实意，对共创利益者要尽力量，对共担责任者要付出义气，对于有情谊、情意、情义者要付出爱心；从现实中看，尽心尽意比较容易，同时又尽力尽义比较难；具有同等力量与义气的人很多，而同时又具有同责同道的人却很少。

同道者盡心，同行者盡意，同利者盡力，同責者盡義，同情者盡歡；心意同易而力義難，同力义易而同責道者少。

——李继凯是之新説·處世篇第零零壹篇

第零零贰篇

【原文】

君遵道和而不同，争不愠，辩不怒，吵不恼，斗不恨，战不仇，敬对手而尊敌手；小人无道同而不和，错不纠，误不告，怨不言，恨不语，骄不警，恐己亏而惧人盈。

——李继凯《是之新说·处世篇·第零零贰篇》

【释义】

君子间交往，并不需追求观点、理念、道路相同，而应允许存在分歧、矛盾、冲突，因观点、信仰、利益产生争论时不会产生怨气，争辩时不会产生怒气，争吵时不会产生恼怒，斗争时不会产生怨恨，对自己对手会敬重，对自己敌人会尊重；小人交往表面和睦而多分歧，相互间知对方错而不去纠正，看到对方有错误不去告知，对对方有怨恨也不去说明，当对方骄傲自满时也不去警示，唯恐自己吃了亏别人得到好处或利益。

君尊道和而不同，爭不慍，辯不怒，吵不惱，斗不恨，戰不仇，敬對手而尊敵手；小人無道同而不和，錯不糾，誤不告，怨不言，恨不語，驕不警，恐己鬥而懼人贏。

——李繼凱是之新說·處世篇第零零貳篇

第零零叁篇

【原文】

仕者，不唯利（不图小利、不计短利、不唯私利）、不畏险（不惧败险、不怕苦艰、不求名誉）、不争势（不图财势、不谋位势、不争名势）。

——李继凯《是之新说·处世篇·第零零叁篇》

【释义】

仕，古时一指做官，谓学而优则仕，仕途也！二指贵族妇女，谓仕女也！三亦指事业。今，仕解为一个高贵品格、高雅气节、高等学识之群体，这种群体的人不以利益为最大追求（不去贪图小的利益，也不会计较短期的得失，更不会寻求自己的私利），不惧怕风险、危险（不去害怕失败的风险，不去惧怕苦难的艰险，也不去苛求名利和荣誉），不会去争夺势头（不去为财物去争斗，不会为社会地位和官职去争夺，也不会为了获取社会名誉去争抢）。

仕者，不惟利「不啚小利，不計短利，不唯私利」，不畏險「不惧敗險，不怕苦艱，不求名譽」，不爭勢「不啚財勢，不謀位勢，不爭名勢」。

—李继凯是之新说·處世篇第叁叁叁篇

第零零肆篇

【原文】

顺势者，如风来猪上树；平势者，如遇波逐浪流；强势者，如逆潮而上溯。遇危而化机遇为强者，遇机而擅抓为勇者，遇难而放弃为弱者。

——李继凯《是之新说·处世篇·第零零肆篇》

【释义】

机会来了可以让猪上树，而这只是一种顺势罢了；平势时，则是随着潮流驱动而已；真正的强势，是敢于逆潮流而引潮流。面临危机善于转化为发展机会的人才是真正的强者，遇到机遇而善于抢抓把握的人为勇者，而一遇到困难就放弃或故意逃避的人是一个懦夫。

顺势者，如風来借上树，乎势者，如遇波逐浪流；强势者，如逆溯而上溯。遇危而化機遇為强者，遇機而擅抓為勇者，遇難而放棄為弱者。

——李繼凱是之新説·處世篇第零零肆篇

第零零伍篇

【原文】

乞生厌，不施贱；求生怜，不失则；诱生嫌，不失迷；慕生恋，不可滥；诚生爱，不相负。

——李继凯《是之新说·处世篇·第零零伍篇》

【释义】

用乞求的方式去寻求别人施舍或帮助，只会让别人厌恶，因此在希望别人帮助时不要去用低贱的方式；用哀求的方式去寻求别人的帮助，只能得到别人的怜悯或可怜，但用这种方式不能丧失自己做人的原则；用利益许诺去吸引别人，久之必然会遭到嫌弃，因此在遇利诱时不要迷失自己；倾慕可以产生爱恋，但不可让爱恋随意随便发生；真诚才能换取真正的相爱，一旦相爱了就不要辜负。

乞生厭；不施賤；求生憐，不失則；誘生獗，不失迷；慕生戀，不可溢；識生愛，不損貞。

——李繼凱是之新說·處世篇第零零伍篇

第零零陆篇

【原文】

谣，造者恶，传者闲，信者愚；谣，造止于善，传止于君，信止于智。莫与谣者同道，莫与传者为伍，莫与信者比智。

——李继凯《是之新说·处世篇·第零零陆篇》

【释义】

造谣者固然是可恶的，而传播谣言的人则是无聊的，相信谣言的则是愚蠢的；善良的人从来不去制造谣言，品德高尚的人从来不去传播谣言，具有大智慧的人从来不去相信谣言。处世中不要与素质低下的造谣者相处，也不要与那些传播谣言的人相交，更不要与那些相信谣言的愚蠢的人相处，那是对自己智商的一种侮辱。

謠，造者惡，傳者閒，信者愚；謠，造止於善，傳止於君，信止於智。莫向謠者問道，莫向傳者為伍，莫與信者比智。

——李繼凱是之新說·家言篇第零零陸篇

第零零柒篇

【原文】

远“五子”：官家“太子”、纨绔“公子”、清傲“娇子”、失诺“骗子”、沉沦“废子”；近“五子”：谦逊“才子”、品正“君子”、孝父“孝子”、志远“士子”、重情“义子”；处“五子”：义气、同道、挚友、知己、知音。

——李继凯《是之新说·处世篇·第零零柒篇》

【释义】

人在世上，要远离以下五种人：具有官家霸气威风的人，依据自家财势放荡纨绔的人，具有才气但狂傲不羁的人，满口许诺不诚信的人，唉声叹气怨天骂地沉沦消极的人；要靠近相交以下五种人：才高而又谦逊高雅的人，道德高尚品质优秀的人，懂得感恩孝敬父母的人，志向远大目标高远的人，重情重义不负情义的人；好好与以下五类人相处：对自己意气相投的人，志同道合的人，苦甘共享的人，懂己尊己的人，心灵相通的人。

逍遥子：官家太子、玩绔公子、清傲骄子、失诺骗子、沉沦废子；近五子：谦逊才子、品正君子、孝义孝子、志远士子、重情义子；家五子：义气、同道、挚友、知己、知音。

——李继凯是之新说·家书篇第零零柒篇

第零零捌篇

【原文】

君子者，不附“贵”：恃势之贵、仗位之贵、炫富之贵；不弃“贱”：位卑品不贱、财薄志不贱、历难气不贱；善攀“贵”：助己之贵、学识之贵、品格之贵；擅示“贱”：势高不骄、财盛不狂、学博不傲。

——李继凯《是之新说·处世篇·第零零捌篇》

【释义】

品德高尚的君子，不去与以倚仗权势、依赖高位、炫耀财富的人伍。虽然没有显赫的地位但品格不低贱，虽然没有足够财富但志向志气不下贱，虽然经历苦难但骨气不贫贱。君子很乐于去结交能够真正地帮助自己的人、有渊博学识的人、品格尚高的人；君子还应具备有强势而不会骄狂、有强财而不狂妄、有博学而不傲气的性格。

君子者，不附貴，恃勢之貴，仗位之貴，炫富之貴，不棄賤；位卑品不賤，財薄志不賤，歷難氣不賤；善攀貴，助己之貴，學識之貴，品格之貴，擅亦賤；勢高不驕，財盛不狂，學博不傲。

——李繼凱是之新說·衆生篇第零捌篇

第零零玖篇

【原文】

同德者论其道，同心者合其心，同力者聚其力；莫与同德者辩道，勿与同心者疑心，不与同力者竞力。

——李继凯《是之新说·处世篇·第零零玖篇》

【释义】

要善于与自己品德一样高尚的人探讨发展之道、责任之道、成就之道，要擅于与自己心境一样高度的人谋划发展之路、创业之路、成就之路，要长于与自己具有同等力量的人聚合发展之力、创业之力、成就之力；不要与自己一样品德高尚的人去争论品德，不要与自己心境相同的人相互猜忌，不要与自己具有同等力量的人去恶意竞争。

同法者論其道，同心者合其力，同力者聚其力；莫與同德者辯道，勿與同心者疑心，不與同力者竞力。

——李继凯是之新说：嘉言篇第零零玖篇

第壹拾篇

【原文】

同道谋大道，同业成大业，同伴成大势；同伴易觅而同业难，同业好寻而同道难，同道常遇而同业为伴更难。

——李继凯《是之新说·处世篇·第壹拾篇》

【释义】

与自己一样具有高尚的品德、高度的责任、高远的志向的同道者要修炼更高的修行、提高更大的责任、谋划更大的志向，与自己同行业的人要设计更大的目标、发展更大的事业、成就更大的成就，与自己的合作伙伴要创造更大的业绩、铸就更大的影响力、凝聚更大的势力；现实处世中，合作伙伴易觅，但不产生竞争的同业者难找；同业中同路者易找，但同业有具备同样品德责任志向者难觅；同样品德责任志向的人易遇，但同时可同业为合作伙伴者难处。

同道谋大道，同業成大業，同伴成大勢；
同伴易觅而同业難，同业好尋而同道难，
同道常遇而同業為伴更難。

——李继凯是之新说·處世篇第壹拾篇

第壹拾壹篇

【原文】

相助而聚，利分而离，帮而久远；合因优势而合，劣势而分，共赢而稳固；恋欣赏而遇，失赏而散，互赏而亘远；婚缘分而组，难容而弃，责任而固。

——李继凯《是之新说·处世篇·第壹拾壹篇》

【释义】

人多是因为需要帮助而相遇，又因为产生利益纠纷而散离，只有互帮互助才能把关系维持久远；合作伙伴因为各自具有优势才能聚合，又因为各自存在的劣势而分离，只有实现共赢合作才能稳固；恋人因为欣赏相互优点而生缘，又因为丧失相互欣赏而分别，只有持续的相互欣赏才能把爱情保持到永远；婚姻因为有缘分才组合在一起，又因为不能容忍对方缺点而抛弃，只有依靠责任才能使双方稳固。

相助而聚，利分而離，幫而大達，合因優勢而合，劣勢而分，共贏而穩固，戀欣賞而遇，失賞而散，互賞而互達；婚緣份而組，容忍而棄，責任而固。

——李繼凱是之新說·家之篇第壹拾壹篇

第壹拾贰篇

【原文】

具正心方思正途，思正途方谋正事，谋正事方成大事，成大事方成大势，成大势方尽大责。

——李继凯《是之新说·处世篇·第壹拾贰篇》

【释义】

具备正义、正气、正道之心的人才会去思考正义、正责、正当的发展方式，思考正义、正责、正当发展方式的人才会去谋划正确、正规、正法的事业或事情，谋划正确、正规、正法事业的人才能成就大事、伟事、壮志，成就大事、伟事、壮志的人才能造就大势、久势、高势，造就大势、高势、久势的人才能尽大责。

是正心方思正途，思正途方谋正事，谋正事方成大事，成大事方成大势，成大势方负大责。

——李继凯是之新说·震古篇第壹拾贰篇

第壹拾叁篇

【原文】

利聚人，业聚才，责聚英；利聚短，业聚中，责聚久；利聚形，业聚心，责聚道。利得一人，利去人远；义得一众，义失众散；惠得一城，惠丧城破；德得天下，德高天下固。

——李继凯《是之新说·处世篇·第壹拾叁篇》

【释义】

利益可以聚合人，事业可以聚合人才，责任却可以聚合精英；利益聚合时间短，事业聚合时间中，责任聚合时间久远；利益聚合外在行动，事业聚合心理，责任聚合道义。利益可得一个人，利益没有了人就会远去；义气可以聚合一批人，但义气丧失了也会散去，恩惠可以攻克一座城池，恩惠一旦失去城池也就会破；品德可以福泽天下，品德越高天下就越稳固。

利聚人，業聚才，責聚英，利聚短，業聚中，責聚長，利聚形，業聚心，責聚道。利得一人，利去人遠，義得一眾，義失眾散，患得一城，患喪城破，德得天下，德高天下固。

——李繼凱之新說，處世篇第壹拾叁篇

第壹拾肆篇

【原文】

智者同道，善融智；强者同行，善借势；仁者为伍，常树德；愚者为伴，久损智；庸者为友，必失志；恶者未离，长必险。

——李继凯《是之新说·处世篇·第壹拾肆篇》

【释义】

多与智慧者论道，会使自己不断睿智；多与强大者同行，会借助对方力量使自己不断强大起来；多与充满仁爱者一起，会使自身品德不断提升；多与愚笨者为伙伴，久了毕竟让自己愚蠢下去；多与平庸者做朋友，必定会使自己丧失志向与拼搏的斗志；不与恶毒者远离，长久必会难以摆脱罪恶的危险。

智者同道，擅融智；强者同行，善借势；
仁者为伍，常树德；愚者为伴，久损智；
庸者为友，必失志，恶者未离，长必险。
——李继凯《是之新说·处世篇》第十四篇

第壹拾伍篇

【原文】

物有价则失价，事有值则失值，人有位则失位；物无价则价无限，事无值则值无尽，人无位则位无边。

——李继凯《是之新说·处世篇·第壹拾伍篇》

【释义】

物品一旦确定了价格，其实就损伤了物品本身的价值；事情一旦在做之前已经估算出了价值，其实就丧失了价值；人一旦因为位置确定了职责，位置就限制了人的责任与动力。无价的物品才是最大的最高的价格，事情不可估算的价值才是最大的价值，人不受职位限制而激发的动力和责任才是最大的位置。

心相交為根，情相交為干，勢相交為枝，權相交為葉，利相交為花；自古花難常開，葉乃輪落，枝隨風擺，惟根扎沃土穩固也。

——李繼凱之新說，處世篇第拾陸篇

第壹拾陆篇

【原文】

心相交为根，情相交为干，势相交为枝，权相交为叶，利相交为花：自古花难常开，叶有轮落，枝随风摆，唯根扎沃土稳固也！

——李继凯《是之新说·处世篇·第壹拾陆篇》

【释义】

人与人之间，以心诚相交者寓如树之根，以情感相交者寓如树干，以财势相交者寓如树枝，以权力相交者寓如树叶，以金钱利益相交者寓如花朵；自然界来看，花朵不会常开，树叶常有轮换，树枝常随风摆动，唯有深扎于土壤中的树根才是稳固不催的。

物有價則失價，事有值則失值，人有位則失位；物無價則價無限，事無值則值无盡，人無位則位無邊。

——李继凯是之新說·處世篇第壹拾位篇

第壹拾柒篇

【原文】

老不占位则智，老不霸势则贤，老不倚言则圣；老而不退久必生厌，老而不休久必生烦，老而不哑久必阻言。

——李继凯《是之新说·处世篇·第壹拾柒篇》

【释义】

人年迈的时候或者思想守旧的时候不去再占据自己的职位、权位是明智的，不去霸占着社会权势、社会影响力是贤明的，不去倚老卖老地去发表言论是圣明的；人老了或没有能力了，不去思考退而让贤必定会让别人产生讨厌，不去休而让位必定会让别人产生厌烦，闭旧言定会成为阻碍新思想的产生。

老不占位則智，老不霸勢則賢，老不倚言則重；老而不退久必生厭，老而不休久必生煩，老而不啞久必阻言。

——李繼凱是之新說，處世篇第壹拾柒篇

第壹拾捌篇

【原文】

无邪欲则刚，无正劳不禄，无正功不获。图小利而损大势，占中利而蚀雄心，贪大利而丧伟志！

——李继凯《是之新说·处世篇·第壹拾捌篇》

【释义】

人只有割断淫邪的念头、不正当的欲望，才能意志刚强无所畏惧；没有付出正当工作、辛勤劳作，就不要获取回报，不是通过自己正常、正道得来的功能不要贪占。获取不正当的小利益会损伤到自己更大的“势”，贪占不正当的短期利益会腐蚀自己的远大发展目标，贪图不正当的大利益必定会丧失未来的伟大志向。

無邪欲則剛，無正勞不祿，無正功不獲。圖小利而損大勢，占中利而蝕雄心，貪大利而喪偉志。

——李继凯是之新说·處世篇第七十二則

第壹拾玖篇

【原文】

登高方知己渺小，坐井观世己为大；须置月球观地球，勿以麻雀思鸿鹄。

——李继凯《是之新说·处世篇·第壹拾玖篇》

【释义】

人只有登到高处才能意识到自己的渺小，而自己如果如同一只井底之蛙，就会感觉到自己是世界最高大的人；人很多的时候需要置身到月球之上去俯视地球，才能让自己放置到更高层次、更大视野、更高格局去审视自我，不能用麻雀的低思维去思考、衡量鸿鹄的高远战略和行动目标。

登高方知已渺小，坐井觀世已為大；須置月球觀地球，勿以麻雀畧鴻鵠。

——李繼凱是之新説、處世篇第壹拾玖篇

第贰拾篇

【原文】

心之懒则身难动，身之懒则志难行，志之懒则心难勤；志之高则心思大，心之大则身行远，身之行则体健强。

——李继凯《是之新说·处世篇·第贰拾篇》

【释义】

人的心懒惰了身体就难以行动了，行动懒惰了志向就难以付诸实施了，志向懒惰了心就难以勤于思考了；人如果志向远大了心中思考目标就会大，心中思考目标大了身体行动就会途远，身体行动远了体魄就会强健了。

心之懶則身難動，身之懶則志難行，志之懶則心難勤；志之高則心思大，心之大則身行遠，身之行則體健強。

——李继凯是之新说、处世篇第贰拾篇

第贰拾壹篇

【原文】

谦逊美德，勿论何人；谨慎态度，勿论何事；沉稳气质，勿论何境。

——李继凯《是之新说·处世篇·第贰拾壹篇》

【释义】

谦逊是人的一种美德，无论面对的是何种身份的人，都应该不受位高位低、势大势微、财强财弱的影响；谨慎是人的一种态度，无论面对的是什么样的事情，都应该不受事大事小、事急事缓、事正事邪的干扰；沉稳是人的一种气质，无论人处在什么样的境遇之中，都不应该受逆境顺境、险境佳境的影响。

謙遜美德，勿論何人；謹慎態度，勿論何事；沉穩氣質，勿論何境。

——李繼凱是之新說·處世篇第貳拾壹篇

第贰拾贰篇

【原文】

子不肖多父不贤，父不检众子不良；虎父常见而虎子寡，虎子多见而虎父寥；勿以虎威害犬子，莫以狐势殃其父；父不传威则子福，子不借势则父幸。

——李继凯《是之新说·处世篇·第贰拾贰篇》

【释义】

孩子不肖多半是父母不贤明，父母不检点多半培养出不良孩子；出色的父亲常见但一样优秀的孩子却不多，而优秀的孩子多但同样优秀的父母却不多。现实社会中，千万不要用父母权威去祸害孩子，也不要以孩子的胡为殃及父母；父母给孩子不去传递权威实际上是孩子的福气，孩子不去借助父母势力其实是父母的幸事。

子不肖多父不賢、父不儉衆子不良；庸父常見而虎子宜庶、庸子多見而虎父寡；勿以虎威害犬子、莫以狐勢殃其父；父不傳威則子福、子不借勢則父幸。

——李繼凱是之新說·處世篇第貳拾貳篇

第贰拾叁篇

【原文】

固地必失大局，固势必失大势，固隅必失大城；图稳必失大志，图逸必失斗志，图利必失大利；畏险必失勇气，畏败必失壮气，畏损必失锐气。

——李继凯《是之新说·处世篇·第贰拾叁篇》

【释义】

固守自己的领地，必定会失去谋求全局的机会，固守原有的成绩，必定会失去取得更大成就的机会，固守一个角落，必定会失去一座城池；贪图稳定必定丧失更大志向，贪图安逸必定会损失斗志，贪图小利短利必定就会失去更大利益；畏惧险阻必定失去勇气，畏怕失败必定会失去勇气，畏失必定会失去斗志。

图地必失大局，图势必失大势，图隅必失大城；图稳必失大志，图逸必失斗志，图利必失大利；畏险必失勇气，畏败必失壮气，畏损必失锐气。

——李继凯是之新说·寓言篇第贰拾叁篇

第贰拾肆篇

【原文】

遇之必遇，得之定得，失之应失；天注人之命，人控己之运；认其旧命，搏其来运，则天命亦违，人运可转。

——李继凯《是之新说·处世篇·第贰拾肆篇》

【释义】

相遇的就一定会相遇，得到的必定会得到，失去的就应该是失去；人的生命长短可以是上天注定，但人的命运是可以自己掌控的；人可以去认命，但自己的命运却可以自己去控制；对于过去的时间可以认其命，而对于未来却需要依靠努力拼搏，这样本来注定的命运也可以扭转，创造属于自己的幸福。

遇之必遇，得之必得，失之應失，天注人之命，人控己之運；認其舊命，搏其來運，則天命亦達，人運可轉。

——李继凯《是之新说·處世篇》第貳拾肆篇

第贰拾伍篇

【原文】

思如晨日冉，情似骄阳炎，心比夕照暮；念天下之忧，感世间之泽，享人生之乐；体健而魄强，性毅而不挠，欲狂而不妄。

——李继凯《是之新说·处世篇·第贰拾伍篇》

【释义】

人的思维要像朝阳般崭新、朝气、激情，人的生活情感要像中午的骄阳般热烈、奔放、火热，人的思维要像夕阳般绚烂、壮美、沉稳；心中常以天下事为念，感恩于天地世间恩惠，享受人生喜怒之乐趣；身体强壮而气魄健康，性格坚毅而意志威武不屈，志向狂野而不妄为。

思如晨日冉，情似驕陽炙，心比夕照暮；念天下之懷，感世間之澤，享人生之樂；體健而魄彊，性毅而不撓，欲在而不妄。

——李繼凱是之新說·處世篇第貳拾伍篇

第贰拾陆篇

【原文】

佛修于心，佛归心，善于行，慈于果；道修于术，道无为，术有高，练意念；仙修于境，境亦静，解无界，幻生天；人修于品，品有赞，亦有贬，成众口。

——李继凯《是之新说·处世篇·第贰拾陆篇》

【释义】

修佛在于修心，心中有佛，则行为有善，慈悲必会善果；修道在于炼术，道非无为，而是要炼术，则意境需高；修仙在于修炼心境，境高则心静，欲望无界限，则可升天为仙；人在于修品，品者解为被人赞扬，也许会有人指责贬低，但成就于众人的交口称赞。

佛脩於心，佛歸心，善於行，慈於果；道修於術，道無為，術有高，練意念，釋修於境，境亦靜，解元界，幻生天；人修於品，品有贊，亦可貶，成口家。

——李繼凱是之新說·儒之篇第貳拾陸篇

第贰拾柒篇

【原文】

劳心者须智，智则谋事；劳力者须勤，勤则做事。劳心者非治，治亦非尊；劳力者非受治，劳力者非卑。劳心者应勤于心，而休于身；劳力者应劳于身，而乐于心；乐心者累身而休于心，累心者乐身而老于命。

——李继凯《是之新说·处世篇·第贰拾柒篇》

【释义】

脑力劳动者需要智慧，要擅于谋划事情；体力劳动者需要勤奋，要长于行动做事。脑力劳动者并非就是社会管理者，也并非就一定是尊贵的；体力劳动者并非就处于社会被管理地位，同样也并非就是卑贱的。脑力劳动者应勤于思考，以脑力劳动修养于身体；体力劳动者虽然身体劳累，但懂得乐在心中。会修养的人虽身体劳碌但心中快乐，而不会修养的人身体虽休闲但心里是劳累的，必定使自己的生命过早地衰老。

劳心者须智，智则谋事；劳力者须勤，勤则做事。劳心者非治，治者非尊；劳力者非吏治，劳力者非卑。劳心者应勤于心，而休于身，劳力者应劳于身，而乐于心；乐心者累身而休于心，累心者乐身而老于命。

——李继凯《是之新说》：处世篇第贰拾柒篇

第贰拾捌篇

【原文】

善思不朽，善学不僵，善动不滞；常思必睿，常学必智，常动必成；不思久必痴，不学久必后，不动久必汰。

——李继凯《是之新说·处世篇·第贰拾捌篇》

【释义】

善思考的人大脑不会腐朽，善学习的人思维不会僵化，善行动的人不会停滞自己脚步；一个人常思考必定会变得睿智，一个人常学习必定会更加智慧，一个人常行动必定会有成就；人长时间不动脑必定会痴呆，人长时间不学习必定会被别人超越，人长时间不行动必定被淘汰。

善思不行，善學不僵，善動不滯；常思必睿，常學必智，常動必成，不思久必痴，不學久必後，不動久必汰。

李繼凱是之新說：豪言篇第貳拾捌篇

第贰拾玖篇

【原文】

欲灭其国，先去其史；欲灭其族，先黑其英雄；欲灭其社会，先乱其民智；欲灭其未来，先堕其青年；欲灭其身，先污其身。己不乱，则外力奈何；身无病，则外毒难侵；民同德，则外恶无伤。

——李继凯《是之新说·处世篇·第贰拾玖篇》

【释义】

想消灭一个国家，先去虚无其历史；想消灭一个民族，先去抹黑这个民族的英雄；想消灭一个社会，先去混乱这个社会人民的心智；想毁灭一个国家民族的未来，先使这个国家的青年堕落；想毁灭一个人的身体，先去污染其心灵。自心不乱，则外力不能毁其身心；身体没有病，外部病毒不会侵蚀；社会上下同心同德同力，则外部邪恶势力伤害不了。

欲滅其國，先去其史；欲滅其族，先黑其英雄；欲滅其社會，先毁其民智；欲滅其未來，先墮其青年；欲滅其身，先污身。己不亂，則外力奈何；身無病，則外毒難侵；民同心，則外惡莫傷。

——李继凯是之新说之處世篇第貳拾玖篇

第叁拾篇

【原文】

远阿谀，离奉承，疏附和，常思己错，常缮己过，常知己力，常明己立，则大志可成也！感诤言，恩驳言，谢直言，不惧争论，不避异见，不畏嘲讽，不怕纷争，则大势可造也！

——李继凯《是之新说·处世篇·第叁拾篇》

【释义】

要远离那些阿谀奉承的人，躲避那些一味奉承的人，疏远那些总是附和的人，常常反思自己的过错，常常修缮自己的过失，常常探知自己的实力，常常明确树立自己的目标，则大志终会成！感谢直言指出过错的人，感恩直面反驳的人，感怀直言不讳的人，不要惧怕争辩，不要回避不同观点，不要畏惧别人嘲讽，不惧怕理论纷争，则必定成大势！

常知己力，常明己立，則大志可成也！感諍言，恩駁言，謝直言，不惧争論，不避異見，不畏嘲諷，不怕紛争，則大勢可造也。

——李继凯是之新说·處世篇第叁拾篇

第叁拾壹篇

【原文】

生之乐在于历，苦亦乐，乐亦苦；活之乐在于搏，成无喜，败无悔；情之乐在于爱，得之喜，付之乐。

——李继凯《是之新说·处世篇·第叁拾壹篇》

【释义】

人生活的乐趣在于经历，经历的苦难是乐趣，所享受的乐趣同时也是苦难；人生活的快乐在于拼搏，即使成功也没有值得喜悦的，即便失败了也不要去懊悔，人情感的乐趣在于心中有爱，得到了爱当然是值得喜悦，但只要自己付出了爱也同样是幸福的。

生之樂在於歷，苦亦樂，樂亦苦；活之樂在於搏戰無畏，敢無悔；情之樂在於愛，得之甚，付之樂。

——李繼凱是之新說·處世篇第叁拾壹篇

第叁拾贰篇

【原文】

财大而气不粗，则财气旺；才高而情不骄，则人气增；位赫而势不盛，则势气丰；权重而心不傲，则权气积。

——李继凯《是之新说·处世篇·第叁拾贰篇》

【释义】

人不因为拥有雄厚财富而忘乎所以，财富会积累得更多；人不因为有才华就恃才傲物，才学可能会更高；人不因为地位显赫就强势霸道，势可能会更盛；人不因为有很大的权力就傲气十足，权势可能会更大。

財大氣不粗，則氣旺。才高而情不驕，則人氣增；位赫而勢不盛，則勢氣豐；權重而心不傲，則權氣積。

——李繼凱是之新說·處世篇第叁拾貳篇

第叁拾叁篇

【原文】

小孝顺意，中孝足需，大孝誉心；小礼闻言，中礼观形，大礼藏心；小德修身，中德教人，大德造世；小仁生悯，中仁创境，大仁治政；小爱甜言，中爱成就，大爱助荣。

——李继凯《是之新说·处世篇·第叁拾叁篇》

【释义】

小孝顺就顺从其意愿，中孝顺是满足其需求，大孝顺则是让其感觉心中骄傲荣誉；小尊重是听从其言，中尊重是看礼貌举止，大尊重是藏于心间；小品德是做好自己，中品德是教化别人，大品德是造福社会；小仁爱是徒生善悯，中仁爱是营造社会环境，大仁爱是仁政治理；小爱用甜言，中爱用成就，大爱助其获荣。

小孝順意，中孝足當，大孝誉心；小禮閑言，中禮觀形，大禮藏心。小德修身，中德教人，大德造世；小仁生憫，中仁創境，大仁治政；小愛甜言，中愛成就，大愛助榮。

——李繼凱是之新說·愛之篇第叁拾叁篇

第叁拾肆篇

【原文】

借势而不媚于势，造势而不顺于势，引势而不盲于势，领势而不迷于势，强势而不傲于势。

——李继凯《是之新说·处世篇·第叁拾肆篇》

【释义】

可以借助别人的势但不能媚于别人的势，善于去造势而不能机械地去顺从别人的势，擅于引导发展趋势而不要盲目跟势，长于领先于发展趋势而不要迷失于未来趋势，即使具有强势也不要去自傲于势。

借勢而不媚於勢，造勢而不順於勢，引勢而不盲於勢，領勢而不迷於勢，統勢而不傲于勢。

——李继凯是之新说·處世篇第叁拾肆篇

第叁拾伍篇

【原文】

跟势不跟人，借势不攀权，造势不哗众；小势不自满，中势不自傲，大势不自乱；得势不猖狂，强势不嚣张，失势不消沉。

——李继凯《是之新说·处世篇·第叁拾伍篇》

【释义】

跟随发展趋势但不要跟随某人，可以去借助别人势力但不要去攀附别人权力，可以去制造趋势但不要去哗众取宠；拥有小势不能自满，具有中势不必骄傲，掌握大势不要狂乱；得势不要得意猖狂，强势不要有嚣张气焰，失势不要沉沦一蹶不振。

跟勢不跟人，借勢不攀權，造勢不嘩眾；小勢不自滿，中勢不自傲，大勢不自亂；得勢不獨佔，緩勢不躁進，失勢不消沉。

——李繼凱是之新説：處士篇第叁拾伍篇

第叁拾陆篇

【原文】

君子无私敌，小人多私怨；君子当面批，小人背后骂；君子评其过，小人捧其好。防小人而敬君子，离小人而处君子，避小人而近君子。

——李继凯《是之新说·处世篇·第叁拾陆篇》

【释义】

心怀坦荡的人不会为自私而树敌，心理阴暗的人却常常心间藏有私怨；心怀坦荡的人有过会当面批评，心理阴暗的人只会背后议论咒骂；心怀坦荡的人常常指出别人过失，心理阴暗的人只会当面奉承别人的好处。社会上，应该防备小人而敬重君子，远离小人多交君子，躲避小人靠近君子。

君子無私敵，小人多私怨；君子當面批，小人背後罵；君子評其過，小人捧其好。防小人而敬君子，離小人而處君子，避小人而近君子。

—李繼凱是之新說，處世篇第叁拾陸篇

【第三辑】是之新说·创世篇

世创于人，人创于业，业成于志，志成于力；力自于创，激发心之力，创新智之力，创造体之力，创聚众之力。

无创则无事成，无新则无驱动。不以旧势造新势，不以旧经寻新法，不以旧规破新局，不以旧攻树新誉，唯创新方应变于新形势！

所谓破则立，乱则治，危则机；旧破而必新立，乱局而必成治，危时而必衍机遇。旧而立新、乱而成治、危而衍机皆需强力、强智、强谋也！

——李继凯是之新说《创世赋》

第零零壹篇

【原文】

近墨者黑多，改墨者寡；近朱者赤多，造赤者寡；适环境易，变环境难；具改墨造赤之能方显力，备造环境之力方可创世。

——李继凯《是之新说·创世篇·第零零壹篇》

【释义】

历来是近墨者黑多，而近墨者具有改变墨者能力者少；自古言近朱者红多，而近朱者具备改造赤者能力者少；同样道理，适应某种环境也许比较容易，而改变原来的环境者比较难；具有近墨而改墨近赤而赤才真正显示能量，具备改变原来环境的能力才能真实实现创世。

近墨者黑多，改墨者寡；近朱者赤多，造赤者寡；適環境易，變環境難；具改墨造赤之能，方顯力，備造環境之力方可創也。

——李繼凱是之新說·創書篇第零·零書篇

第零零贰篇

【原文】

志成于搏，平于稳，庸于乐，丧于堕。

——李继凯《是之新说·创世篇·第零零贰篇》

【释义】

不管一个人的志向有多么远大，都是成功于拼搏奋进，平常于稳定保守而不努力进取，平庸于贪图享乐而丧失斗志，丧失于自甘堕落自我毁灭。

志成於搏，平於穩，庸於樂，喪於墮。

——李繼凱是之新説，創志篇第零零貳篇

第零零叁篇

【原文】

力不在身高，志不在年长，绩不在业久，责不在力大；力者心力强则大，志者少年立则壮，绩者善创新则速，责者愈担重则强。

——李继凯《是之新说·创世篇·第零零叁篇》

【释义】

一个人是否拥有力量不在于身体有多高，一个人是否具有远大的志向不在于年龄有多大，一个人业绩有多大也不在于从事事业有多久，一个人是否具有强烈的社会责任也不在于这个人有多大的能力；心理强大的人力量就会大，少年立志实现志向就会远大，善于创新发展的业绩就会提升速度，愿意担负更大社会责任的人就会更强大。

力不在身高，志不在年长，绩不在业久，责不在力大。力者心力强则大，志者少年立则壮，绩者善创新则速，责者愈担重则强。

——李继凯《是之新说·创世篇》第零零叁篇

第零零肆篇

【原文】

栖身心不憩非家，心憩身不安非居；心志四海身随行则四海皆家，身居一隅心自满则一隅可居；心不大身不远则家小，身漂泊心天下则居大。

——李继凯《是之新说·创世篇·第零零肆篇》

【释义】

虽然可以栖身但心灵得不到休憩的地方并不是真正意义的家，心灵可以休憩但身体得不到安稳的地方也不是真正的家；一个人志向远大心怀天下，身体行到哪里四海皆是家，身体虽然仅占一个小角落，但心里满足就可以称为安居；志向不大身体行进不远则家就小，但是虽然身体在漂泊而心系天下者则家很大。

栖身心不憩非家，心憩身不安非居；心志四海身随行则四海皆家，身居一隅心自满则一隅可居；心不大身不远则家小，身漂泊心天下则居大。

——李继凯书之新说·创世篇第零零肆篇

第零零伍篇

【原文】

心野则天小，身动则地近，早醒则夜短，多勤则梦近；常思则步轻，常谋则行智，常爱则情久，常恨则长怨。

——李继凯《是之新说·创世篇·第零零伍篇》

【释义】

志向大了则天就显得很小了，脚步行动了目的地就会很近了，清晨醒得早了黑夜就短了，勤奋努力了梦想就不远了；经常思考步伐很轻松，经常谋划行动就会明晰，经常付出爱心感情就会长久，经常怨恨就会陷入仇恨之中。

心野则天小，身动则地近，早醒则夜短，多勤则梦近，常思则步轻，常谋则行智，常处则情久，省恨则大怨。

——李继凯《是之新说·创世篇第零零伍篇》

第零零陆篇

【原文】

识人不拘格，知人不借口，用人不心疑，评人则用果。以眼识人知其表，以心知人识其神，以责知人识其本。

——李继凯《是之新说·创世篇·第零零陆篇》

【释义】

认识一个人不要在意什么方式和形式，了解一个人不要去借助别人的口，使用一个人就不要心中再生疑，评价一个人要用结果。用眼睛去认识一个人只知其表面，用心去认识一个人就会了解其精神，用责任去认识一个人就会认识其本质。

識人不拘格，知人不借口，用人不必疑，評人則果。以眼識人，知其表，以心識人，知其神，以責識人，知其本。

——李繼凱是之新說、創意篇第零零陆篇

第零零柒篇

【原文】

破则立，乱则治，危则机；旧破而必新立，乱局而必成治，危时而必衍机遇；不破而新立需强力，不乱而成治需强势，不危而机遇需强智。

——李继凯《是之新说·创世篇·第零零柒篇》

【释义】

大破之后会大立，大乱之后会大治，大危之后会有大机遇；打破旧的规则才能建立新的规则，收拾乱局往往会形成治理，面临危机的时候就会诞生重大机遇；不想打破旧的规则就建立新的规则需要极强力量推动，不想打乱现有局面而建立新局面则需要超强的驱势驱动，不想等到面临危机时就去发现机遇需要高超的智慧去引领。

破則立，亂則治，危則機；舊破而必新立，亂局而必成治，危時而必行机遇，不破而新立需強力，不亂而成治需強勢，不危而機遇需強智。

——李繼凱是之新說·創世篇第零零柒篇

第零零捌篇

【原文】

智若愚，愚则智；智谦于心，逊于形，卑于礼，汇众智而融于智；愚负于心，势于形，傲于礼，蔑众智而醉于智。

——李继凯《是之新说·创世篇·第零零捌篇》

【释义】

智慧的人往往表现为愚笨，而愚蠢的往往表现出智慧；智慧的人心间很谦虚，行为很谦逊，举止很谦卑，善于聚合吸纳众人智慧而长己智慧；愚蠢的人内心往往很自负，行为上很有霸势，举止很傲慢，蔑视众人智慧而沉醉于自己智慧。

智若愚，愚則智；智謙於心，遜於形，卑於禮，滙衆智而融於智；愚負於心，勢於形，傲於禮，蔑衆智而醉于智。

——李继凯是之新说·創立篇第零零捌篇

第零零玖篇

【原文】

智者无难，勇者无敌，行者无艰；畏困难者缺谋，惧强敌者缺力，怕艰难者缺毅。

——李继凯《是之新说·创世篇·第零零玖篇》

【释义】

智慧的人不会被困难吓倒，勇敢的人不会被敌人吓怕，行动的人不会被艰辛吓退；畏惧困难的人本身缺少谋略，惧怕强敌的人本身缺少力量，害怕艰难的人本身缺少毅力。

智者无难，勇者无敌；行者无艰；畏困难者缺谋，惧强敌者缺力，怕艰难者缺毅。

——李继凯是之新说·创世篇第零零玖篇

第壹拾篇

【原文】

莫与小人比德，莫与君子比利，莫与愚者比智，莫与蛮者比力，莫与智者比谋。

——李继凯《是之新说·创世篇·第零壹拾篇》

【释义】

不要去与小人比品德，与无德之人比德无赢；不要去与君子争利，与明利之人争利无意；不要去与愚蠢的人比智慧，与愚蠢之人比智无智；不要去与只有蛮力的人比力气，与蛮力之人比力无力；不要与智慧的人去比谋略，与智慧之人比谋无谋。

莫有小人比德，莫與君子比利，莫有愚者比智，莫有蠢者比力，莫有智者比謀。

——李繼凱是之新說·創世篇第叁拾篇

第壹拾壹篇

【原文】

职位莫立威，位失则威无；职能莫造势，职失则失势；职业莫生狂，业失则失狂。莫因位攀谊，位难久必失谊；莫因势附情，势难长必失情；莫因财生爱，财难持必失爱。

——李继凯《是之新说·创世篇·第壹拾壹篇》

【释义】

不要依靠职位去树立权威，否则职位一旦失去则会丧失威严；不要利用职位权力去营造气势，否则权力一旦失去则会失去了气势；不要因为职业之便利而忘乎所以，否则职业一旦失去则失去炫耀的资本。不要因为某人的职位高就去攀附情谊，否则职位不久情谊也必将消失；不要因为某人有势力就去付出感情，否则势力不长久感情也会失去；不要因为金钱而去付出爱情，否则一旦金钱难以持久爱就会失去。

職位莫立威，位失則威喪；職能莫造勢，職失則失勢；職業莫生狂，業失則失狂。莫因位攀誼，位難久必失誼；莫因勢附情，勢難長必失情；莫因財生愛，財難持必失愛。

——李繼凱是之新說·創立篇第壹拾壹篇

第壹拾贰篇

【原文】

大责者，以国家民族为念，国之盛则极乐；中责者，以事业成就为念，业之成则高乐；小责者，以家庭亲爱为念，亲之福则众乐；无责者，以自我私欲为念，己之得则私乐；丧责者，以损世伤人为念，私之欲则恶乐。

——李继凯《是之新说·创世篇·第壹拾贰篇》

【释义】

具备大责任的人，以国家社会为责任，国家兴盛是最大快乐；具备中责任的人，以事业成就为责任，事业成功是最大快乐；具备小责任的人，以家庭亲人幸福为快乐，亲人幸福是最大快乐；没有责任的人，以自私自利满足个人欲望为快乐，自己得到为快乐；丧失责任的人，以损害社会与伤害别人谋私欲为快乐。

大責者，以國家民族爲念，國之盛則極樂；中責者以事業成就爲念，業之成則高樂；小責者，以家庭親愛爲念，親之福則家樂；無責者，以自我私欲爲念，己之得則私樂；喪責者，以損世傷人爲念，私之欲則惡樂。

——李繼凱是之新說·創世篇第拾貳篇

第壹拾叁篇

【原文】

志，远而不空，高度而不虚，大而不缈；义，利而不忘、困而不丧、功而不狂；情，多而不滥、钟而不愚、深而不痴；才，大而不傲、高而不骄、强而不藐；品，众品而不怒、品众而不矫、品己而不恃。

——李继凯《是之新说·创世篇·第壹拾叁篇》

【释义】

志向，可以远但不能空洞，有高度但不能虚无，可大但不能缥缈；义气，面对利益的时候不能忘记，面临困难的时候不能丧失，取得成功的时候不能狂妄；情感，可以多情但不能滥情，可以钟爱但不能痴愚，深厚但不能痴迷；才能，可以大但不能骄傲，可以高但不能狂傲，可以强但不能藐视别人；品格，可以面对众口评判而不恼怒，众口称赞而不骄傲。

志，远而不空，高致而不虚，大而不渺；器栽，刻而不忘，困而不丧，功而不狂；情多而不滥，锤而不愚，深而不痴；才大而不傲，高而不骄，绝而不颓；品，家品而不怨，家品而不矜，品已而不恃。

——李继凯《是之新说·剑之篇第壹拾叁篇》

第壹拾肆篇

【原文】

忍，忍有则，无则懦；善，善有力，无则假；喜，喜有求，无则俗；慈，慈有恶，无则罪；爱，爱有责，无则空；诚，诚有分，无则愚；勤，勤有巧，无则笨；宽，宽有度，无则纵。

——李继凯《是之新说·创世篇·第壹拾肆篇》

【释义】

忍耐，要有原则，没有原则的忍耐就是懦弱；善心，要有力量，没有力量的善意就是虚假；喜欢，要有要求，没有要求标准的喜欢就会很俗气；慈悲，要分清楚善恶，不分善恶的慈悲就是罪恶；爱情，要有责任，没有责任的爱就是虚空；真诚，要分清楚对象，对任何人都付出真诚就是愚蠢；勤劳，要有技术或技巧，否则就是傻笨；宽容，要把握度，没有原则的宽容就是纵容。

忍，忍有則，無則懦；善，善有力，無則假；真，真可求，無則俗；慈，慈可惡，無則罪；愛，愛有責，無則宜；誠，誠可分，無則愚；勤，勤有巧，無則笨；寬，寬有度，無則縱。

——李继凯是之新说·愈志篇第壹拾肆篇

第壹拾伍篇

【原文】

少不苦壮难为，壮不为中难业，中不业老难安；勿以少逸阻青为，莫以青懒碍中业，岂以中业失老安？

——李继凯《是之新说·创世篇·第壹拾伍篇》

【释义】

一个人，少年的时候不经历一些磨难青年的时候难以有大的作为，青年的时候不去努力奋斗中年的时候难以成就事业，中年的时候没有事业支撑老年的时候就难以有安定的生活；不要因为少年时的贪图安逸而阻碍了青年的作为，不要因为青年时的懒惰而妨碍中年的事业成就，也不要因为中年的堕落而让老年时失去保障。

少不苦青難爲，青不爲中難業，中不業老難安，勿以少逸阻青爲，莫以青懶碍中業，豈以中業失老安。

——李继凯是以新说、創業篇第壹拾經篇

第壹拾陆篇

【原文】

无求则大求：小获即乐，中获即足，大获即极；无欲则大欲：小欲不邪途、中欲不迷乱、大欲不失则；无为则大为：小为尽力、中为尽意、大为尽责；无爱则大爱：小爱于一人、中爱于大众、大爱于天道；无情则大情：小情于己欢、中情于众福、大情于赎世。

——李继凯《是之新说·创世篇·第壹拾陆篇》

【释义】

人的最高境界，无求则大求：获得小的成绩就会感到高兴，取得中的成功就感到满足，获得大的成就就会极度快乐；无欲则大欲：追求小欲不要思邪路，追求中欲不要迷乱自我，追求大欲要坚守自己的原则；无为则大为：小为是尽自己的力量，中为要尽心尽意，大为要尽自己责任；无爱则大爱：小爱也许是爱一人，中爱是爱社会大众，大爱则是以天下苍生为念；无情则大情：小情在乎自己的喜欢，中情在于造福于大众，大情在于创造幸福和谐之社会环境。

無求則大求：小獲即樂，中獲即足，大獲即撤；無欲則大欲：小欲不邪途，中欲不迷亂，大欲不失則；無為則大為：小為盡力，中為盡意，大為盡責。無愛則大愛：小愛於一人，中愛於大眾，大愛於天道；無情則大情：小情於己歡，中情於眾福，大情於贖世。

——李繼凱是之新說、創世篇第拾陸篇

第壹拾柒篇

【原文】

以事造势，事成则势大；以责造势，责大则势成；以利造势，利失则势败；以人造势，人离则势失。正道正事正责正利正人，则成势大势正势久势强势；邪道邪事邪责邪利邪人，则短势小势危势困势败势。

——李继凯《是之新说·创世篇·第壹拾柒篇》

【释义】

通过做好事情去造势，事情成功则势就会大；以责任去造势，责任越大势就更大；利用利益去造势，一旦利益失去势就必定会失去；利用人去造势，人离开时势也就不复存在。选择正义正确的事业，采取正当方式获取正当利益，就会取得长久的正能量的强势；反之，选择非正义的事业，采取非正确的方式获取的非正当的利益，不但不会长久，还会带来众多的风险与危机。

以事造势，事成则势大，以责造势，责大则势成；以利造势，利失则势败，以人造势，人离则势失。正道正事正责正利正人，则成势大，势正势久势强势；邪道邪事邪责邪利邪人，则短势小势危势困势败势。

——李继凯是之新说·创之篇第叁拾柒篇

第壹拾捌篇

【原文】

人不静方躁狂，心不宽方怒怨；人无力方叹弱，心无能方乞强；人失志方畏难，心失责方生堕；人少慈方记过，心少善方言功；人寡智方恨精，心寡谋方妒才。

——李继凯《是之新说·创世篇·第壹拾捌篇》

【释义】

人心不静时就会暴露出狂躁的情绪，心胸不宽阔时就会时常显示出众多的怨气；人感觉自己没有力量时才会经常哀叹自己的弱小，心理不强大时才会去向强大实力低头乞怜；人丧失了远大的发展目标才会畏怕艰难险阻，心中缺乏了责任就会精神上堕落；人心中缺少了慈爱就会常常记恨别人的过错，缺少了善良才会常常炫耀自己的功德；人感觉到自己智慧不够时才会去嫉贤妒能，感觉自己技穷时就会去怨恨别人的才华与聪慧。

人不靜方躁狂，心不寬方怨怨，人無力方嘆弱，

心若能方氣餒，人失志方畏難，心失責方生墮；

人少慈方記過，心少善方言功；人寡智方恨

精，心宜謀方妙術。

——李繼凱是之新說·創世篇第壹拾捌篇

第壹拾玖篇

【原文】

不以衣贵显人豪，要以人豪显衣贵；不以装势造凌势，要以内势造外势；不以财傲才，要以才生财。

——李继凯《是之新说·创世篇·第壹拾玖篇》

【释义】

不要试图用奢侈华丽的衣服去显示气质高贵与身份显赫，应该以自身内心的强大与气度修养去显示衣服的华贵；不要以装饰出来的气势和形象去制造强大形象，应该以内在的豪迈与内涵品格去折射出外表；不要试图利用金钱去傲视具有才华的人才，要利用自己的才华去创造更大的财富。

不以衣贵显人豪，要以人豪显衣贵；不以装势造凌势，要以内势造外势；不以财傲才，要以才生财。

——李继凯《是之新说·创世篇·第二章·拾玖篇》

第贰拾篇

【原文】

人乐于拼搏，神乐于助人，上帝乐于救世；具上帝之慈悲、神之法力、人之乐趣，方为修身养性之极致。

——李继凯《是之新说·创世篇·第贰拾篇》

【释义】

做人的快乐在于通过拼搏创造成就，做神的快乐应该是帮助人济困扶弱，做上帝的快乐在于拯救世界脱离苦海；如果一个人具有上帝的慈悲胸怀、神仙般的法力能量、人的拼搏努力，实则是人世间修德修行修炼的最高境界。

人樂於拼搏，神樂於助人，上帝樂於救世；其上帝之慈悲，神之法力，人之樂趣，方為修身養性之極致。

——李繼凱是之新說之創本篇第貳拾篇

第贰拾壹篇

【原文】

日必三思：己过、人优、事验；日忌三怨：天不公、命不平、人不恭；夜必三安：安心、安神、安梦。

——李继凯《是之新说·创世篇·第贰拾壹篇》

【释义】

人每天都应该思考三个问题：自己一天所犯的过失、遇到的优秀的人、所做事情的检验与检讨；人每天都必须忌讳三种抱怨：恨天不公正、哀命运不公平、怨别人不恭敬；人每夜都要让自己心安：不因愧疚而心不安、不因羞愧而神不宁、不因愧德而噩梦生。

日必三思：己過、人優、事驗；日忌三怨：天不公、命不平、人不恭；夜必三安：安心、安神、安夢。

——李繼凱書之新說、創千篇第貳拾壹篇

第贰拾贰篇

【原文】

用“德”不用“惠”：德者，品、道、正；惠者，恩、利、诺；以德识才尽其才，以惠识才失其德，以德训人尽其力，以惠纳人长其惠；德才兼备必增其才，才高德失必损其才。

——李继凯《是之新说·创世篇·第贰拾贰篇》

【释义】

对待别人不要用小恩小惠处之，而应该用品德与德行：德，品格高雅、大道高远、正义高端；惠，小恩惠、小利惠、小诺惠；用品德去认识有才能的人可以充分使用其才，以小恩小惠去使用人才必定会损伤其才，以品德引导培养人会激发人的全力，以小恩小惠去收买人只会徒增其对恩惠的欲望渴求；品德与才能皆备的人必定会不断增加其才能，而有才华但品德不高的人必定损害其才能。

用德不用惠，德者，品，道，正，惠者，恩，利，諾，以德識才盡其才，以惠識才失其德，以德訓人盡其力，以惠納人長其惠，德才兼備必增其才，才高德失必損其才。

——李继凯是之新説·創世篇第貳拾貳篇

第贰拾叁篇

【原文】

欲管人者须管己，欲正人者须先正己；己邪则教无力，己斜则矫无正。

——李继凯《是之新说·创世篇·第贰拾叁篇》

【释义】

想去管理别人的时候首先要管好自己，想去纠正别人的错误的时候首先保证自己的正确性；如果自己做得不好则管理教育是没有力量和能力的，自己存在错误毛病或做得不公平不公正，是没有办法去矫正别人的。

欲習人者須習己，欲正人者須先正己，己正則教無力，己斜則爲害正。

——李繼凱是之新說·論書篇第貳拾叁篇

第贰拾肆篇

【原文】

感己恶方显其善，觉己拙方显其智，知己劣方显其优；感己善则善不足，觉己智则智不高，知己优则优不够。

——李继凯《是之新说·创世篇·第贰拾肆篇》

【释义】

人感觉到自己存在缺点或错误，甚至是恶行恶念，才能显示出自己的善良；人感觉到自己愚笨，才是真正显示出自己的智慧；人感觉到自己劣势与不足，才是真正显示自己的优秀；人要是感觉到自己已经很善良了，说明自己善得不足不够；人要是感觉自己很聪明了，说明智慧也不高；人要是感觉到自己已经很优秀了，说明自己离优秀还很远。

感已恶方顯其善，覺已拙方顯其智，知已劣方顯其優；感已善則善不足，覺已智則智不高，知已优則优不够。

——李继凯是之新創世篇第貳拾肆篇

第贰拾伍篇

【原文】

蔑己者容，害己者恕，弱己者尊，弱势者敬，乃人生境界也！蔑己者、害己者促其省，则显己力之最；弱己者、弱势者助其强，则为尊之最！

——李继凯《是之新说·创世篇·第贰拾伍篇》

【释义】

人要学会去宽容那些蔑视自己的人，也要学会宽恕那些曾经伤害过自己的人，也要学会去尊重那些比自己弱小的人，还要学会去敬重那些比自己强大的人，这需要人生极高的境界才可以做到。蔑视和伤害自己的人，可以促使自己不断地反省自己，也才会让自己不断进步提升；比自己弱和比自己强的人，都可以协助自己通过借鉴强者经验、增加助弱能力，使自己不断地强大起来。

蔑己者容，害己者恕，弱己者尊，弱勢者敬，乃人
生境界也；蔑己者，害己者，促其省，則顯己力
之最；弱己者，弱勢者，助其強，則為尊之最。

——李繼凱是之新説·人劍之篇第貳拾伍篇

第贰拾陆篇

【原文】

不畏难，难可练智、难亦炼毅、难必恋绩；不惟难：遇难思策、知难奋进、胜难功成。不畏新，析新形势、抢新机遇、用新方式；不惟新，新必有术、新必促效、新必生绩。不畏苦，苦中思甜、苦中作乐、苦中铸志；不惟苦，苦不甘苦、乐不找苦、成不靠苦。不畏忙，忙而有实、忙而生效、忙而无憾；不惟忙：忙须有率、忙须有果、忙须有乐。不畏贫，贫可修品、贫可铸志、贫可思富；不惟贫：贫显无力、贫显无能、贫显志短。

——李继凯《是之新说·创世篇·第贰拾陆篇》

【释义】

不要去畏惧困难，困难可以提升解决困难的能力，也可以锻炼自己的毅力意志，也可以寻求更大的成绩；但是也不要为了难而难，遇到困难要考虑解决，要努力奋进，要战胜困难取得成就。不要去畏惧新事物，要善于分析新的形势，善抓新的机遇，设计新的方式；但是也不要为了新而新，遇新必会有新的方式方法、必会促进新的效率、必会诞生新的成绩。不要去畏惧苦难，苦中会更加思甜、苦中亦可作乐、苦中更能铸志；但是也不要为了苦而苦，不要刻意去找苦吃，成功也不是非要依靠吃苦。不要畏惧忙碌，忙才会充实、忙才会出效果；但是也要为了忙而忙，忙必须要有效率、必须要有成绩、必须要有快乐。不要畏惧贫困，贫穷可以修行品德、可以铸造志向、可以思考如何致富；但是不能为了贫而贫，贫困也显示无能、贫困也显示无力、贫困也会表现得志短。

不畏難，難可練智、難亦煉毅，難必戀績。不懼難；遇難思策，知難奮進，勝難功成。不畏新，析新形勢，搶新機遇，用新方式；不懼新，新必有術，新必促效，新必生績。不畏苦，苦中思甜，苦中作樂，苦中鑄志；不懼苦，苦不甘苦，樂不找苦，成不靠苦。不畏忙，忙而有實，忙而生效，忙而無憾；不懼忙，忙須有率，忙須有果，忙須有樂。不畏貧，貧可修品，貧可鑄志，貧可思富；不懼貧，貧顯其力，貧顯其能，貧顯志雄。

——李建凱著《新說‧創意篇》第貳拾陸篇

第贰拾柒篇

【原文】

擅识小人，多交君子。小人者：人前言蜜，人后语恶；言夸口天，践诺虚空；低势乞犬，强势狂霸；人困其虎，人强其猫；贫苦避祸，功成诽蛇。君子者：尊不分人前后，敬不分位高低；忠不论利大小，义不论势高低；仁不管人贵贱，爱不管时富贫；礼不争势强弱，信不争日短长；慈不辨其善恶，善不辨众凶险。

——李继凯《是之新说·创世篇·第贰拾柒篇》

【释义】

人一定要善于结交君子，也要辨认小人而远之。小人的特征是：当面时甜言蜜语，背后就恶语相加；承诺时海口可吃天，兑现时失信推诿；处于低谷时像落水狗一样乞怜，得势时像疯狗一样张狂；比别人强时像老虎一样霸道，比别人弱时像猫儿一样乖巧；看到别人贫困困难时如避祸远遁，看到别人成就时如毒蛇恶毒诽谤。君子的特征是：尊重别人不分人前与人后，敬重别人不分职位与地位高低，真诚不管利益是大是小，义气也不论能力高低；仁不管对象高低贵贱，爱不管对富人与穷人；礼貌不去争论势强势弱，诚信会不受时间长短；慈爱之心不管社会善恶当道，善良不管人心险恶。

擅识小人，多交君子。小人者：人前言密，人后语恶，言夸口天，践诺虚空；依势乞犬，强势狂霸，人困其危，人强其媚；贫苦避祸，功成诽她。君子者：尊不分人前后，敬不分位高低；忠不论利大小，义不论势高低，仁不看人贵贱，爱不看时富贫；礼不争势强弱，信不争日短长；慈不辩其善恶，善不辩家凶险。

——李继凯是之新说·创世篇第贰拾柒篇

第贰拾捌篇

【原文】

小合作不争利，则丰；中合作不争权，则顺；大合作不争誉，则荣。勿与利者谋大事，莫与誉者谋中事，不与权者谋小事。

——李继凯《是之新说·创世篇·第贰拾捌篇》

【释义】

在合作的时候，面对合作伙伴，小的合作不去计较利益多少，合作一定会得到丰硕回报；中等的合作不要去争夺控制权与管理权，这种合作一定会很顺利成功；大的合作不要去争抢荣誉与社会影响力，这样的合作则会共同获取荣耀。在合作中，不要与寻求利益或短利的人去谋划大的事业，也不要与在意社会影响力和荣誉的人去谋划中的事业，同时也不要去喜欢权力和控制别人的人去谋划小的事情。

小合作不争利，则虚；中合作不争权，则顺；大合作不争誉，则荣。勿与利者谋大事，莫与誉者谋中事，不与权者谋小事。

——李继凯是之新说、創世篇第贰拾捌篇

第贰拾玖篇

【原文】

富不忘本，则富丰；功不忘恩，则功大；仕不忘义，则仕远；势不忘形，则势久；位不忘责，则位高。

——李继凯《是之新说·创世篇·第贰拾玖篇》

【释义】

事业成功的时候，富裕了就不去忘记贫穷的初心、拼搏精神、致富目标，财富必将积累更多；成功了不忘记帮助自己的人与多方的支持协助，成功就会越来越大；仕途中不忘记社会大义、职位中义、工作小义，仕途必定会走得很远，得势了不得意忘形，必定会势很久远；取得了官位或职位，永远不忘记自己的责任，这个职位必将会越来越高。

富不忘本，則富豐；功不忘恩，則功大；仕不忘義，則仕遠；勢不忘形，則勢久；位不忘責，則位高。

——李繼凱是之新說、創世篇第貳拾玖篇

第叁拾篇

【原文】

自知者勤，自明者智，自耻者醒，自荣者惰，自立者强，自信者豪，自满者傲，自谦者进，自检者慧，自悟者贤，自修者圣。

——李继凯《是之新说·创世篇·第叁拾篇》

【释义】

自己知道自己实力的人就会很勤奋，自己明白自己能力的人是很智慧的，自己感觉自己不足与羞耻的人是清醒的，自己总是感觉自己很荣耀的人必定产生懒惰或堕落下去，自己独立思考或独立承担的人一定是强者，自己充满自信的人时常会感觉自豪，自我满足的人很容易骄傲，自己时刻保持谦逊的人一定进步快，自己时常检讨自己的人是很聪慧的，自己经常自悟的人是贤明的，自己不断提升自己修为的人是圣明的。

自知者勤，自明者智，自恥者醒，自榮者惰，自立者强，自信者豪，自滿者傲，自謙者進，自檢者慧，自悟者賢，自修者聖。

——李继凯是之新說·創意篇第叁拾篇

第叁拾壹篇

【原文】

不思霸者，不受争霸之险；不思王者，不历夺王之凶；不思业者，不经搏业之难；不思责者，不具尽责之力；不思情者，不磨钟情之苦。思霸者，受险而心必霸；思王者，历凶而心为王；思业者，经难而心成业成；思责者，重任而心有力；思情者，念苦而心思甘。

——李继凯《是之新说·创世篇·第叁拾壹篇》

【释义】

不想成为霸者，就不会经历夺取霸者的危险；不想成为王者，就不会遭遇称王的凶险；不想成就事业者，就不会经受拼搏奋斗的艰难；不想承担责任者，就不会具有承担责任的能力；不想付出感情者，就不会经受思念相思的痛苦。霸者虽然经历风险但也享受霸者之乐；王者虽然经历凶险但也会享受到王者之乐；业者虽然经历拼搏困苦也可以承受业成的喜悦；责者虽然重任压力但可以成就自己的能量；情者虽然经受思念之苦但也会享受到爱情的甜蜜。

不思霸者，不受爭霸之險；不思王者，不歷奪王之凶；不思業者，不經搏業之難；不思責者，不具盡責之力；不思情者，不磨鍾情之苦。思霸者，受險而心必霸；思王者，歷凶而心爲王；思業者，經難而心成業成；思責者，重任而心有力；思情者，念苦而心思甘。

——李繼凱是之新說·創世篇第叁拾壹篇

第叁拾贰篇

【原文】

人生“五悟”：一、“净身”：财不腐、名不缚、欲不污、位不累、病不耗；二、“静心”：言不夸、气不傲、学不躁、技不杂、业不妄；三、“修行”：言不诳、行不乱、成不骄、败不馁、得不忘；四、“提技”：学不尽、智不枯、能不竭、力不弱、志不止；五、“增责”：值不满、企不停、业不歇、爱不恨、责不足。

——李继凯《是之新说·创世篇·第叁拾贰篇》

【释义】

人应该具有五种“悟”：一、身要净：金钱不能腐蚀、名利不能束缚、欲望不能污染、地位不能拖累、疾病不能消耗；二、心要静：不能言过其实、不能有傲气、学问不能浮躁、技艺不能杂乱、事业不能妄选；三、性要修：语不能妄语、行为不能乱规、成就不能骄傲、失败不能沉沦、得意不能忘形；四、技要提：学不休止、智慧无尽、能力不竭、力量不弱、目标不休；五、责要增：价值永不满足、企业永不停止、事业永不休歇、爱心永不缺失、责任永不丢弃。

人生五悟：一、净身：财不腐，名不传，欲不污，位不累；二、静心：言不夸，气不傲，学不躁，技不杂，业不安；三、修行：言不诳，行不张，伐不骄，败不馁，得不忘；四、提技：学不尽，智不枯，能不竭，力不弱，志不止；五、增责：值不淘，企不停，业不败，爱不恨，责不足。

——李继凯是之新说·创意篇第叁拾贰篇

第叁拾叁篇

【原文】

德不配权，必滥于权，祸于世；德不配富，必罪于富，毁于财；德不配才，必损于才，害于己；德不配貌，必丑于貌，污于人；德不配志，必损于志，丧于途。

——李继凯《是之新说·创世篇·第叁拾叁篇》

【释义】

如果一个人的品德与权力不匹配，必定会造成权力滥用，出现祸害社会的恶果；如果一个人的品德与财富不匹配，必定罪恶于财富，造成财富的丧失；如果一个人的品德与才华不匹配，必定损害于才华，最终损害到自己；如果一个人的品德与相貌不匹配，必定影响到美貌，也会贻害别人；如果一个人的品德与志向不匹配，必定会损伤志向，使志向中途而夭折。

德不配權，必溢於權，禍於世；德不配富，必罪於富，毀於財。德不配才，必損於才，害於己；德不配貌，必丑於貌，汙於人；德不配志，必損於志，喪於途。

——李繼凱《是之新說·創世篇》第叁拾叁篇

第叁拾肆篇

【原文】

心愉则身不累，心累则身必疲；责大则志必高，责重则力必大；义重则利必轻，义轻则小利巨；情深则爱无悔，情淡则多生怨；胸阔则少有恨，胸窄则多有敌。

——李继凯《是之新说·创世篇·第叁拾肆篇》

【释义】

心情愉悦身体就不会感觉到累，心感觉累身体就必定感觉疲惫；责任重必定有着高远的志向，责任重大力量也必定会大；义气重的人必定把利益看得很轻，义气轻的人才会把利益看得巨大；感情深必定付出的爱不会后悔，感情淡必定会常常产生怨恨；胸怀宽广心中就很少有怨恨，心胸窄现实中的对手就多。

心愉則身不累，心累則身疲；責大則志必高，責重則力必大；義重則利必輕，義輕則小利巨；情深則愛無悔，情淡則多生怨；胸闊則少恨，胷窄則多有敵。

——李繼凱是之新說·創意第叁拾肆篇

第叁拾伍篇

【原文】

强而不霸，硬而不狂；柔而不懦，弱而不奴；儒而不愚，雅而不诺；爱而不宠，情而不纵；恨而不仇，怨而不怒。

——李继凯《是之新说·创世篇·第叁拾伍篇》

【释义】

力量可以强大但心理不要霸道，性情可以强硬但言谈不要张狂；性格可以温柔但心理不要懦弱，性情可以柔弱但心理不要有奴性；气度可以儒雅但思想不要愚钝，举止可以高雅但态度不要唯唯诺诺；心中可以满怀爱意但不要去宠惯爱人，情怀可以多情但不要过度放纵；心中可以有抱怨但不要保留仇恨，心间也可以有怨气但不要常保留怒气。

强而不霸，硬而不狂；柔而不懦，弱而不奴；儒而不愚，雅而不谄，爱而不宠，情而不纵；恨而不仇，怨而不怒。

——李继凯是之新说·创意篇第叁拾伍篇

第叁拾陆篇

【原文】

无利难存，利正而道不邪；无品难立，品高而德不失；无业难久，业远而始不懈；无责难强，责大而终不丧。

——李继凯《是之新说·创世篇·第叁拾陆篇》

【释义】

没有利益支撑人难以生存，但要保持正当的利益去支撑正当的事业；没有品德支撑人难以立世，要用高贵的品格营造道德的社会环境；没有事业支撑发展很难久远，要用事业去保持永远不懈的努力；没有责任支撑人难以真正强大，责任大了还要不断提升而不要丧失。

無利難存，利正而道不邪；無品難立，品高而德不失；無業難久，業專而始不悔；無責難強，責大而終不喪。

——李继凯是之新说·創意篇第叁拾陸篇